Luciano Alves

Escalas para IMPROVISAÇÃO

Em todos os tons para vários instrumentos

Aplicação prática das escalas em improvisação | Análise facilitada das escalas | Acordes para acompanhamento | Exemplos de improvisação em blues, jazz, bossa-nova e samba | Encadeamentos harmônicos II-V-I | Metodologia de estudo diário

Nº Cat.: 345-M

Irmãos Vitale S.A. Indústria e Comércio
www.vitale.com.br
Rua França Pinto, 42 Vila Mariana São Paulo SP
CEP: 04016-000 Tel.: 11 5081-9499 Fax: 11 5574-7388

© Copyright 1997 by Irmãos Vitale S.A. Ind. e Com. - São Paulo - Brasil
Todos os direitos autorais reservados para todos os países. *All rights reserved.*

Dados Internacionais de Catalogação na Publicação (CIP)
(Câmara Brasileira do Livro, SP, Brasil)

Alves, Luciano, 1956 -
　　Escalas para improvisação : em todos os tons para diversos instrumentos / Luciano Alves.
- São Paulo : Irmãos Vitale, 1997.

ISBN 85-85188-89-8
ISBN 978-85-85188-89-4

　　1. Música - Intervalos e escalas.
　　I. Título.

97-3545　　　　　　　　　　　　　　　CDD-781.246

Índices para catálogo sistemático:
　　1. Escalas musicais　　781.246
　　2. Música : Escalas　　781.246

Agradecimentos
Victor Biglione, Mauro Senise, Paulo Moura, Guilherme Maia, Fernando Gama e, em especial, a Nelson Faria, pela significativa contribuição na finalização deste trabalho.

Produção geral e editoração de partituras
Luciano Alves

Planejamento visual
Ana Maria Santos Peixoto

Revisão musical
Nelson Faria, Felipe Radicetti e Luciano Alves

Assistente de editoração musical
Patrícia Regadas

Revisão de texto
Maria Elizabete Santos Peixoto

Capa
Monika Mayer e Luciana Mello

Produção gráfica
Marcia Fialho

Produção executiva
Fernando Vitale

ÍNDICE

PREFÁCIO 5
INTRODUÇÃO 7
SOBRE O AUTOR 9

PARTE 1 11
CONVENÇÕES 13
TABELA DE ACORDES E ESCALAS 14
ESCALAS BÁSICAS 16
    Maior 16
    Menor Melódica 16
    Menor Natural (Eólia) 17
    Menor Harmônica 17
MODOS 18

PARTE 2 19
MODOS DA ESCALA MAIOR 21
    Escala Jônica 22
    Escala Dórica 24
    Escala Frígia 26
    Escala Lídia 28
    Escala Mixolídia 30
    Escala Eólia 32
    Escala Lócria 34
Modos da Escala Maior Seguidos 36

PARTE 3 39
MODOS DA ESCALA MENOR MELÓDICA 41
    Escala Menor Melódica 42
    Escala Dórica 2ª Menor 44
    Escala Lídia Aumentada 46
    Escala Lídia Dominante 48
    Escala Mixolídia 6ª Menor 50
    Escala Lócria 2ª Maior 52
    Escala Super Lócria 54
Modos da Escala Menor Melódica Seguidos 56

PARTE 4 59
ESCALAS PENTATÔNICAS E ESCALA DE BLUES 61
    Escala Pentatônica Maior 62
    Escala Pentatônica Menor 64
    Escala Pentatônica Alterada 66
    Escala de Blues 68

PARTE 5 71
ESCALAS SIMÉTRICAS 73
- Escala Diminuta Tom-Semitom 74
- Escala Diminuta Semitom-Tom 76
- Escala Aumentada 78
- Escala de Tons Inteiros 80
- Escala Cromática 82

PARTE 6 85
ESCALAS DE BEBOP 87
- Escala Bebop Maior 88
- Escala Bebop Menor 90
- Escala Bebop Dominante 92
- Escala Bebop Meio Diminuta 94

PARTE 7 97
MODOS DA ESCALA MENOR HARMÔNICA 99
- Escala Menor Harmônica 100
- Escala do 2º Modo da Menor Harmônica 102
- Escala do 3º Modo da Menor Harmônica 104
- Escala do 4º Modo da Menor Harmônica 106
- Escala do 5º Modo da Menor Harmônica 108
- Escala do 6º Modo da Menor Harmônica 110
- Escala do 7º Modo da Menor Harmônica 112

Modos da Escala Menor Harmônica Seguidos 114

PARTE 8 117
ESCALAS DIVERSAS 119
- Escala Maior Harmônica 119
- Escala Pelog 119
- Escala Húngara Menor 119
- Escala Enigmática 119
- Escala Napolitana 119
- Escala Chinesa 120
- Escala Japonesa In-Sen 120

SUBSTITUIÇÃO DE ACORDES 121
- Substituição de Dominantes 121
- Substituição de Trítonos 121
- Substituição de Dominante por Diminuto 122
- Substituição IIm7 122
- Substituição do Acorde Convencional pelo Acorde de Quarta 122

METODOLOGIA DE ESTUDO 123
EXERCÍCIOS COM ESCALAS E ENCADEAMENTOS 125
IMPROVISOS 131

BIBLIOGRAFIA 143

PREFÁCIO

AS ESCALAS DE LUCIANO ALVES
Facilitando para o olho o que está no ouvido

Muitos dos temas e improvisos jazzísticos, colocados no pentagrama, soam sem sentido para a visão acadêmica dos músicos clássicos. Ou, pelo menos era assim, garante o crítico Leonard Feather, em seu famoso *The Book of Jazz* (Laurel Edition, 1976). Com o lançamento deste *Escalas Para Improvisação*, de Luciano Alves, o problema desaparece. O livro é didático, mas rigorosamente técnico; criterioso e completo, mas sensivelmente musical. Nele, o estudioso e o profissional da música vão encontrar um inestimável parceiro capaz de desvendar praticamente todos os segredos destas que são a mãe de todos os improvisos e a garantia do cuidado e dos requintes da harmonia: as escalas.

Há quem jure, como Joachim Berendt (*O Jazz*, Perspectiva, 1975) que Bach e Beethoven também improvisavam - mas o fato é que, a partir do fim do século passado, a música erudita passou a considerar sacrilégio este tipo de arroubo. Desde então, irreverentes e ligando pouco para estruturas formais e sistematizações, só os negros preservaram esta liberdade nos gêneros musicais populares nascidos de sua influência. E, tal como ocorre no Brasil, com o choro e os sambas de roda e de partido-alto, e nos Estados Unidos, com o ragtime, o blues e o jazz, o peso da emoção e dos sentimentos passou a desfrutar de um espaço nobre entre os seus cultores. Ao contrário da máxima do jogo do bicho, não vale o escrito – vale o ouvido. A partir daí, se tentou erigir várias pontes acadêmicas, capazes de ligar, como notas de um mesmo compasso, o olho de quem lê a pauta ao ouvido e à alma de quem produziu o som. O livro de Luciano Alves é a mais trafegável destas pontes à disposição do músico brasileiro – e, mais que isso, revela também os principais segredos do grande improvisador. Até porque ninguém tem a obrigação de ser um Erroll Garner, que nasceu sabendo.

Música dentro da música, a improvisação obedece regras. Está escravizada à harmonia – não deve ser gratuita e nem é brincadeira de amadores. Ao contrário: é o exercício profissional do instrumentista em seu grau mais alto de formação. Milhares de saxofonistas surgiram no mundo desde os anos 50, mas só há um Charlie Parker. Milhares de trumpetistas, mas quantos como Armstrong, Miles Davis ou Marsalis? O livro de Luciano Alves não pode prometer a ninguém transformar-se num Oscar Peterson. Mas mostra o caminho das pedras.

Mestre do piano, Luciano não quis fazer do livro um compêndio sobre o seu instrumento. Ao contrário, buscou alargar seu horizonte, como se uma banda imaginária estivesse em ação. Professor como ele e craque no violão, Nelson Faria foi o colaborador mais ativo. Mas outros sons se integraram ao projeto. Paulo Moura e Mauro Senise trouxeram resposta para os improvisos de seus saxes. Victor Biglione, o de sua guitarra. Guilherme Maia (baixista) e Fernando Gama (violonista) contribuíram com vasto material de pesquisa e com infindáveis discussões. E as escalas de Luciano Alves aí estão. Das mais simples, de modo maior, às intrincadas combinações sonoras das escalas pentatônicas e da menor harmônica. Têm um único efeito colateral: não foram feitas para curiosos.

Roberto M. Moura
Apresentador e roteirista do programa "Studio Jazz" da TV Educativa e professor-adjunto da Faculdade Helio Alonso

INTRODUÇÃO

A partir de 1990 passei a ministrar cursos e *workshops* direcionados à composição e arranjo, com a utilização da informática como central de organização e processamento de idéias. Em média, 80% dos alunos acompanharam muito bem os assuntos abordados, pois tinham uma base mínima de conhecimento de teoria musical. O programa era exposto de acordo com o cronograma, sem muitas interrupções.

Mas foram justamente os 20% restantes que me incentivaram a transmitir a parte teórica musical, por intermédio de livros, de forma que pudessem aproveitar melhor os cursos e expandir seus conhecimentos. Assim, em 1994, concluí o **Dicionário de Acordes Para Piano e Teclados**, publicado pela Irmãos Vitale Editores. O retorno foi surpreendente! Diversos professores o adotaram e muitos estudantes passaram a concorrer no mercado da música profissional, utilizando o Dicionário como um aliado do dia-a-dia.

Em curto período, recebi diversas cartas e e-mails com sugestões para repetir a iniciativa, mas enfocando as escalas e acrescentando exercícios. Assim, em 1996, comecei a investir na idéia de produzir um livro que abordasse acordes, da perspectiva de seus geradores: as escalas. Agrupei meu vasto material de pesquisa (livros, dicionários e apostilas) e passei a me dedicar a mais uma empreitada exaustiva e complexa, mas ao mesmo tempo gratificante: organizar e escrever um método que reunisse todas as escalas, com dicas de utilização, vários exercícios e noções práticas sobre os encadeamentos harmônicos mais usados.

Neste livro estão contidas trinta e quatro escalas, escritas na clave de sol, em todos os tons, para a criação e o aprimoramento de melodias e improvisos, iniciando com as quatro escalas básicas e detalhando os diversos modos. Abaixo de cada escala está indicado o acorde correspondente, em uma pequena pauta. Apesar de escala e acorde serem idênticos (apenas executados de formas diferentes), por questão de metodologia, adotei linguagem diferenciada, onde uma escala ou modo é aplicada em determinados acordes. Assim, o pesquisador pode consultar rapidamente em que acordes uma escala funciona. Escalas exóticas são também apresentadas, para auxiliar aqueles que produzem trilhas para *jingles*, cinema e TV, e constantemente necessitam pesquisar sobre sonoridades incomuns ou típicas de outros países.

Em meu estudo clássico de teoria musical, ainda criança, "escalas" era um assunto repulsivo, em virtude da forma como era apresentado e ensinado. Aprendi a executar com muita agilidade, com ambas as mãos, as escalas básicas em todos os tons. Fui graduado, mas não tinha uma noção precisa de como aplicá-las na música popular (com a qual já travava meus primeiros contatos). Mais tarde, por conta própria, pesquisei sobre o assunto, de forma que pudesse aplicá-lo em minhas composições e improvisos e, a partir daí, "escalas" deixou de ser sinônimo de sofrimento.

A proposta deste trabalho é desmitificar o estudo de escalas, tornando-o "quase" que prazeroso, já que o aluno saberá exatamente onde aplicá-las, na música popular - jazz, bossa-nova, rock, blues e pop.

Bom estudo!

Luciano Alves

SOBRE O AUTOR

Luciano Alves é pianista, tecladista, compositor, arranjador e professor de Informática na Música, com vasta experiência em música popular brasileira e internacional.

Natural de Minas Gerais (1956), iniciou sua formação de piano e música clássica aos sete anos de idade, posteriormente estudando com os professores Humberto Cordovil e Miguel Proença. Aos dezesseis anos realizou a direção musical e os arranjos de diversas peças teatrais. Nessa época, manteve os primeiros contatos com sintetizadores, aprofundando conhecimentos específicos através de cursos de eletrônica, eletro-acústica e computação, ao mesmo tempo em que começava a experimentar em seu trabalho a fusão da música popular brasileira com o *rock* e com a música clássica.

Ingressando no conjunto Os Mutantes, em 1976, gravou o LP "Mutantes ao Vivo" e excursionou com o grupo pelo Brasil e pela Europa. Residiu em Milão, Itália, durante o ano de 1977, onde começou a estudar arranjo, participando de gravações com diversos artistas europeus.

De volta ao Brasil, em 1978, integrou a banda de Pepeu Gomes e, a partir de então, vem atuando como arranjador, músico e parceiro em vários discos do guitarrista. Desde 1980 tem participado como tecladista, arranjador e/ou programador em discos gravados por Moraes Moreira, Caetano Veloso, Evandro Mesquita, Alcione, Erasmo Carlos, Belchior, Léo Jaime, Lulú Santos, Fernando Gama e Rui Motta, entre outros.

Em 1983, foi diretor musical e participou, como tecladista, do espetáculo "Coração Brasileiro", de Elba Ramalho, realizado no Rio de Janeiro, São Paulo, Lisboa e Tel Aviv. No ano seguinte, apresentou-se com a Orquestra Sinfônica Brasileira e a Orquestra do Teatro Municipal do Rio de Janeiro, na Praça da Apoteose (RJ), como solista da "Nona Sinfonia" de Beethoven, sob regência do maestro Isaac Karabtchevsky.

Em 1985, visitou os Estados Unidos para aperfeiçoamento técnico no uso de computadores, sequenciadores e programação de sintetizadores e *samplers*. Nesse mesmo ano, usou pela primeira vez computadores em apresentação solo no Parque Laje (RJ). Em julho, com Pepeu Gomes, apresentou-se no "XIX Festival de Montreux" (Suíça), pela terceira vez. De volta ao Brasil, participou, como solista do "Bolero" de Ravel, do concerto realizado pela Orquestra Sinfônica Brasileira, na Quinta da Boa Vista (RJ), por ocasião da comemoração do Ano Internacional da Juventude.

Nas áreas de publicidade e televisão, compôs e gravou diversos *jingles* e trilhas sonoras tais como o tema "Vídeo Show 90" (TV Globo); "Henry Maksoud e Você" (TV Bandeirantes); "Fronteiras do Desconhecido", "Domingo Forte" e "Escrava Anastácia" (TV Manchete), entre outros. Criou e executou a trilha sonora para o média-metragem em vídeo "Alucinação Arte Abstrata", de Ricardo Nauemberg (TV Globo), que mereceu o Prêmio Leonardo Da Vinci 1989, em Milão, Itália.

Desde 1986, tem realizado apresentações individuais e com sua banda, em diversas cidades brasileiras e, em 1989, lançou seu primeiro disco solo **Quartzo**, utilizando amplamente novas técnicas de composição, arranjo, execução e gravação, através do uso intensivo de microcomputadores aliado à participação de vários músicos convidados. Em julho desse ano, integrou o ciclo de estudos "História do Jazz", realizado no Museu Histórico do Estado do Rio de Janeiro, em Niterói (RJ), proferindo conferência sobre o tema "Eletrônica no Jazz".

Em outubro de 1991, apresentou-se, juntamente com o percussionista Marcelo Salazar, no Club Montmartre, em Copenhague e Teatro Æsken, em Aurrus, ambos na Dinamarca. Realizou show solo em várias cidades dinamarquesas, divulgando os ritmos afro-brasileiros e seu disco **Quartzo**. Nesta ocasião, foi convidado a ministrar cursos de informática e música brasileira no Musikladen e Musikvidenskabeligt Institut.

Em 1992, fundou sua produtora de livros de música, métodos e partituras pelo processo de editoração eletrônica.

Entre 1991 e 1993, ministrou vários cursos e *workshops* de Informática na Música, destacando-se os realizados no Centro Musical Antonio Adolfo (RJ), no Teatro Municipal de Niterói (RJ), e na PUC (RJ). Sobre este assunto, são constantemente publicadas matérias de sua autoria, na revista Música e Tecnologia, Byte Brasil e no Caderno de Informática do jornal O Globo.

Em setembro de 1993 gravou o CD instrumental **Baobá**, no qual explora as origens rítmicas da música brasileira aliadas à linguagem jazística; em janeiro de 1996 lançou seu terceiro CD **Mosaico**, onde executa exclusivamente o piano acústico, com participação de diversos instrumentistas como Paulo Moura, Celso Woltzenlogel, Marcos Suzano e Osvaldinho do Acordeão, entre outros.

Ainda em 1996, foi relançada pela Irmãos Vitale Editores, mais uma edição de seu primeiro livro de música: **Dicionário de Acordes Para Piano e Teclados**. Em outubro, foi lançado mundialmente pela Sonoton Records, o **CD Brasil Today - Luciano Alves**, contendo cinquenta trilhas sonoras de autoria própria, com temática brasileira.

Atualmente, além de atividades em gravações e shows, é produtor e coordenador de projetos da Irmãos Vitale Editores, onde tem elaborado diversos *song books* e métodos de música de vários artistas e professores.

Luciano Alves pode ser contatado, na Internet, através de sua *home page* (página pessoal) ou endereço eletrônico:

http://www.wp.com/lalves
lucal@uninet.com.br

PARTE 1

CONVENÇÕES
TABELA DE ACORDES E ESCALAS
ESCALAS BÁSICAS
MODOS

CONVENÇÕES

▶ Embora escalas e acordes sejam idênticos, adotei uma linguagem diferenciada, onde a escala pode ser aplicada sobre determinados acordes, de forma a facilitar o estudo. Na tabela das páginas 14 e 15, a apresentação é exatamente inversa: a partir de um acorde ou cifra, é descrita a escala que deve ser usada.

▶ No item **formação** (páginas pares), as indicações escritas acima da pauta (1, 3, T9, etc.) representam os graus e as tensões das notas das escalas. As notas brancas são as que fazem parte da formação básica do acorde contido na escala, e as "notas a evitar" estão entre parênteses. Somente as indicações de semitom (st), 2ª aumentada (2ªa) e 3ª menor (3ªm) estão escritas. As tensões de sétima maior estão anotadas como TM7 (*major seventh*).

▶ Neste livro, todas as escalas terminam com o dobramento da tônica (nota preta) e, consequentemente, a contagem de intervalos o inclui também.

▶ No item **origem** ao início da apresentação de cada escala, a classificação entre parênteses refere-se à característica do acorde conforme sua procedência. Por exemplo: II grau (menor) da escala Maior indica que o acorde encontrado no II grau da escala maior é menor.

▶ A análise dos graus das escalas estão escritos em algarismos romanos: I - primeiro grau; II - segundo grau; etc. Os intervalos entre as notas estão em algarismos arábicos (2ª maior; 5ª justa; etc.). Os nomes das notas são escritos por extenso (dó, ré, mi, fá, sol, lá, si), e as cifras, com letra de imprensa maiúscula (C, D, E, F, G, A, B).

▶ Embora os acidentes (♯, ♭) sejam descritos na armadura de clave, são repetidos antes de cada nota das escalas, para facilitar a leitura. Na medida do possível, o 𝄪 (dobrado sustenido), o ♭♭ (dobrado bemol) e as notas mi♯, si♯, fá♭ e dó♭ foram substituídas por suas enarmônicas.

▶ As armaduras de clave são relacionadas ao tom de origem das escalas.

▶ Nas pequenas pautas abaixo de cada escala (páginas ímpares), estão escritos, na clave de sol, os acordes para acompanhamento. Os baixos (notas raízes) são as próprias cifras das escalas. Assim, se estiver praticando em um teclado, execute sempre a nota da cifra, seguida do acorde, para depois treinar a escala. Logo à direita, está indicada a cifra correspondente ao acorde.

▶ Constantemente, denomino notas de "sons", quando há similaridade entre os sons de determinadas escalas, embora suas notas sejam diferentes (enarmônicas).

▶ As escalas são aqui apresentadas, geralmente, em quatorze tons, com repetição de tonalidades enarmônicas. Somente as tonalidades corretas são descritas, ou seja, as possíveis, de acordo com a geração de tetracordes. Dependendo do grau de proveniência, tonalidades incoerentes como E♭ (sendo III grau de B) são escritas entre parênteses ao lado da forma correta: D♯. Eventualmente, por limitação de espaço, algumas tonalidades, mesmo corretas, estão anotadas entre parênteses.

▶ Nos exemplos e exercícios, os acordes para acompanhamento estão escritos na clave de sol, para facilitar a leitura.

▶ Cifragens e inversões de acordes foram profundamente analisadas no Dicionário de Acordes Para Piano e Teclados que, conjuntamente com este livro, formam um tratado a respeito de acordes e escalas.

▶ Encadeamento harmônico e progressão significam a mesma coisa.

TABELA DE ACORDES E ESCALAS

ACORDES	ESCALAS	PÁGINA
M, M7, M7(9), M6, M$^6_9$, M7(6), M7($^6_9$), (add9)	JÔNICA	22
	LÍDIA	28
	PENTATÔNICA MAIOR	62
M, M7	6º MODO DA MENOR HARMÔNICA	110
♯5, M7(♯5)	LÍDIA AUMENTADA	46
	AUMENTADA	78
	3º MODO DA MENOR HARMÔNICA	104
M7(♯11), M7(♯4), M7, M7(9), M7($^9_{♯11}$), M6, M$^6_9$, (add9)	LÍDIA	28
m, m6, m$^6_9$, m7, m7(9), m7($^9_{11}$), m7($^9_{11\,13}$), m(add9) (Função I grau)	DÓRICA	24
	PENTATÔNICA MENOR	64
	BLUES	68
m, m7, m7(9), m6, m$^6_9$ (Função II grau)	DÓRICA	24
	PENTATÔNICA MENOR	64
	BLUES	68
m, m7, m7(9) (Função III grau)	FRÍGIA	26
m, m7, m7(9) (Função VI grau)	EÓLIA	32
m6, m$^6_9$	MENOR MELÓDICA	42
m7, m7(9)	4º MODO DA MENOR HARMÔNICA	106
m(M7), m($^{M7}_9$)	MENOR MELÓDICA	42
	MENOR HARMÔNICA	100
m7(♭5), ∅, m7($^{♭5}_{11}$)	LÓCRIA	34
	LÓCRIA 2ª MAIOR	52
	2º MODO DA MENOR HARMÔNICA	102
m7($^{♭5}_9$), ∅9	LÓCRIA 2ª MAIOR	52

ACORDES	ESCALAS	PÁGINA
7, 7(9)	MIXOLÍDIA	30
	PENTATÔNICA MAIOR	62
	BLUES	68
7($^9_{11}$), 7(13), 7($^9_{13}$), sus4, 7$^9_4$(9), 7($^9_{13}^{11}$)	MIXOLÍDIA	30
	PENTATÔNICA MAIOR começando na 7ªm	62
7(♭5), 7(♯11), 7($^9_{♯11}$), 7($^{♯11}_{13}$)	LÍDIA DOMINANTE	48
7(♭5), 7(♯11), 7(♯5), 7(♭13), 7($^9_{♭13}$)	TONS INTEIROS	80
7(♭9)	DIMINUTA SEMITOM-TOM	76
	5º MODO DA MENOR HARMÔNICA	108
7($^{♭9}_{♯11}$), 7($^{♭9}_{13}^{♯11}$), 7($^{♭9}_{13}$)	DIMINUTA SEMITOM-TOM	76
7($^{♭9}_{♭13}$)	SUPER LÓCRIA	54
	5º MODO DA MENOR HARMÔNICA	108
7(♯9), 7($^{♯9}_{♯11}$)	DIMINUTA SEMITOM-TOM	76
	BLUES	68
	PENTATÔNICA MENOR	64
(alt), 7($^{♯5}_{♯9}$), 7($^{♭9}_{♯11}$), 7($^{♭9}_{♭13}$), 7($^{♯9}_{♯11}$)	SUPER LÓCRIA	54
sus(♭9), Frígio	FRÍGIA	26
	DÓRICA 2ª MENOR	44
dim, º7, º(M7)	DIMINUTA TOM-SEMITOM	74
	7º MODO DA MENOR HARMÔNICA	112

ESCALAS BÁSICAS

O conhecimento das quatro escalas básicas é primordial para o aprendizado das demais escalas apresentadas neste livro, já que muitas são geradas a partir das primeiras.

Tanto na música clássica quanto na popular, analisa-se cada nota, atribuindo-se numeração de graus em algarismos romanos e anotações das tensões (notas que não entram na formação básica do acorde derivado).

Acordes são escalas executadas simultaneamente (verticalmente), com alguns graus suprimidos. As escalas são muito importantes para improvisação na música popular. Decorá-las não torna o solista mais inspirado, mas, com certeza, em muito contribui para a ampliação das possibilidades melódicas na área da improvisação. Lembre-se que o estudo da música não pode ser uma atividade solitária, muito pelo contrário, as novas conquistas devem ser experimentadas tocando juntamente com discos e CDs e, sobretudo, com outros músicos.

Maior

No tom de C, é executada apenas nas teclas brancas do piano, já que não possui nenhum sustenido ou bemol (e, consequentemente, nenhum acidente na armadura de clave). Suas notas são: dó, ré, mi, fá, sol, lá e si (a última é dobramento da tônica).

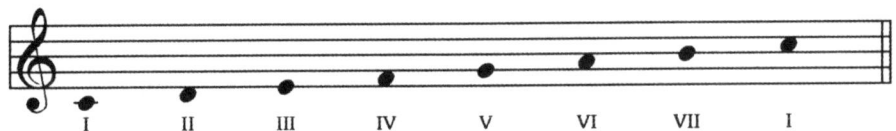

Menor Melódica

A escala Menor Melódica possui formações diferentes nos sentidos ascendente e descendente. Sobe com o VI e VII graus maiores, e desce com os mesmos graus abaixados de um semitom, similar à formação da Menor Natural. Apenas as escalas geradas a partir da forma ascendente são analisadas. Exemplo em C: dó, ré, mi♭, fá, sol, lá, si, dó (dobramento), si♭, lá♭, sol, fá, mi♭, ré, dó (dobramento).

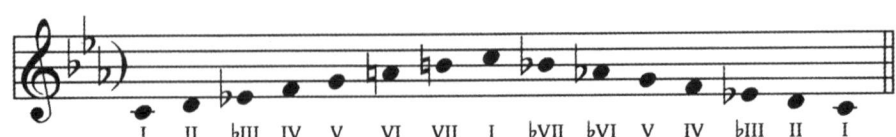

Menor Natural (Eólia)

Tem origem no VI grau da escala Maior (modo Eólio), portanto, também possui o mesmo número de tons e semitons, embora em posições diferentes. Assim como a escala maior de C, a de A menor é executada apenas nas teclas brancas do piano e também não possui nenhum sustenido ou bemol. Em virtude dessas similaridades, são chamadas de relativas. Toda escala maior possui uma relativa menor natural (e vice-versa), e a relação entre elas é de 3ª menor. A escala Menor Natural também gera outras escalas, mas como geralmente são repetições dos modos originários da escala Maior, não são descritas no decorrer deste livro. Exemplo em A: lá, si, dó, ré, mi, fá e sol. A última nota é dobramento da tônica.

Menor Harmônica

Difere da Menor Natural apenas por ter o VII grau elevado em um semitom, criando um intervalo de 2ª aumentada entre o VI e VII graus. É exatamente este intervalo que proporciona o colorido típico das melodias árabes. Esta escala básica e modos que gera não são muito utilizados (com exceção do quinto), mas como a proposta deste trabalho é de apresentar todas as possibilidades e oferecer opções aplicáveis em vários estilos musicais, as mesmas são descritas. Caso um produtor encomende uma trilha sonora excêntrica, com sonoridade árabe ou espanhola, é justamente a esta parte que se deve recorrer. Exemplo em C: dó, ré, mi♭, fá, sol, lá♭ e si.

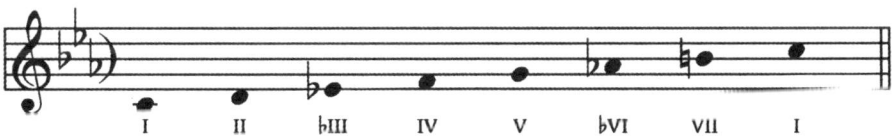

MODOS

Na Grécia Antiga, foi desenvolvido um sistema musical de escalas denominado "modos" (do latim, *modus, tonus*), constituído por uma série de notas em sequência. Dos antigos modos gregos, alguns são utilizados ainda hoje. Posteriormente, na Idade Média, outros modos foram criados pela igreja, com o aprimoramento da música sacra, os chamados "modos eclesiásticos".

Os modos tinham relação com as notas do teclado que só possuía teclas brancas. Como resultado, permitiam um número limitado de sucessões que era obrigatoriamente executado sempre na mesma tonalidade: o Dórico de ré a ré; o Mixolídio de sol a sol, e assim por diante.

Em 1547, foram introduzidos os modos de A e C (Eólio e Jônico), no sitema *Dodecachordon*, de Glareanus, ampliado para doze escalas com finais e dominantes definidas. A tentativa da adoção do modo de B (Lócrio) não sobreviveu à teoria de que o intervalo de 5ª diminuta, entre as notas si e fá, criava uma sonoridade excêntrica, inadmissível. O próprio modo Jônico teve sua execução proibida, pois sua sonoridade era considerada alegre e porque era utilizado em manifestações populares, como a dança.

Já no final do século XVII, com o aprimoramento dos instrumentos, os modos deixaram de ser difundidos apenas no âmbito da música sacra e um novo modo foi introduzido: o menor (similar ao Dórico e ao Eólio, mas com a 7ª elevada em um semitom).

Com os teclados atuais, é possível executar qualquer um dos modos, começando em qualquer nota (em todos os tons), e o que distingue um do outro é o padrão de intervalos entre as notas.

Alguns modos evitados até o princípio do século XX, em virtude das dissonâncias, são, hoje em dia, amplamente explorados pelos músicos de jazz e de música progressiva. O próprio conceito de "notas dissonantes a evitar" está passando por uma profunda transformação na música livre e na de improvisação.

Para concluir, apesar do termo "modo" ser mais antigo, significa o mesmo que escala. Normalmente, chama-se de modo as escalas geradas a partir das quatro básicas. Ainda assim, pode ser chamado de escala, como por exemplo: modo dórico ou escala dórica. Escalas singulares como as de blues, pentatônicas, diminutas, etc., não são denominadas de modo.

PARTE 2

MODOS DA ESCALA MAIOR

MODOS DA ESCALA MAIOR

A escala Maior gera sete modos ou escalas, como demonstra o seguinte gráfico, com exemplo em C:

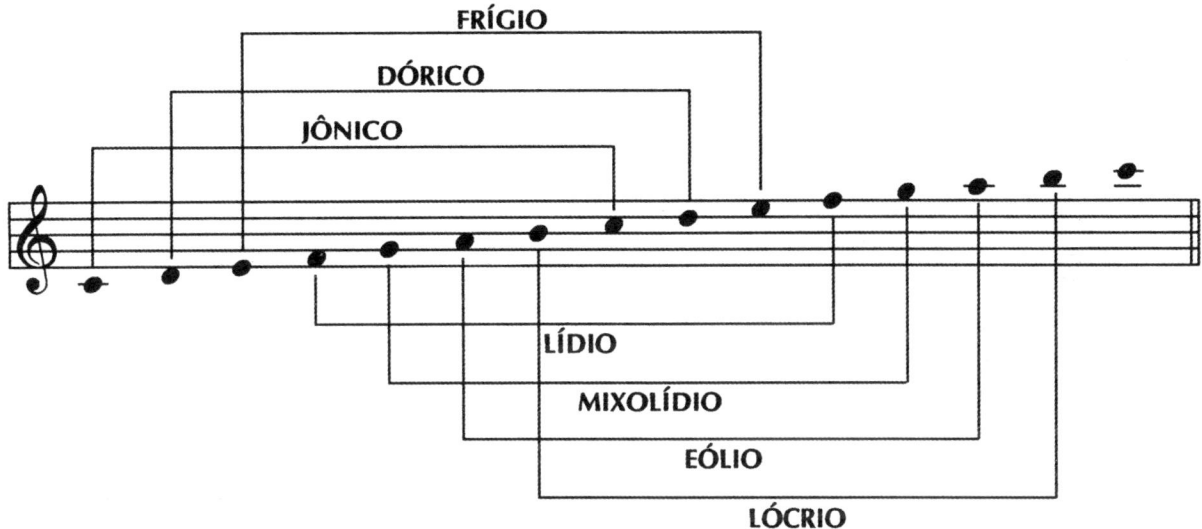

GRAU	NOTAS	NOME DA ESCALA	FORMAÇÃO
I	Dó a Dó	Jônica ou Maior	t t st t t t st
II	Ré a Ré	Dórica	t st t t t st t
III	Mi a Mi	Frígia	st t t t st t t
IV	Fá a Fá	Lídia	t t t st t t st
V	Sol a Sol	Mixolídia ou Dominante	t t st t t st t
VI	Lá a Lá	Eólia ou Menor Natural	t st t t st t t
VII	Si a Si	Lócria ou Meio Diminuta	st t t st t t t

Acordes Gerados pela Escala Maior

Exemplo em C

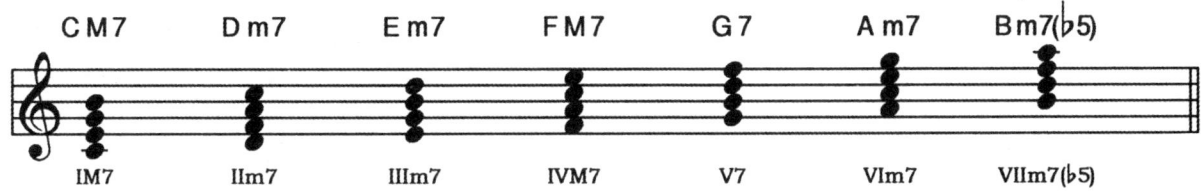

Escala Jônica

Origem
I grau (maior) da escala Maior.

Formação
Cinco tons e dois semitons - t t st t t t st. Exemplo em C.

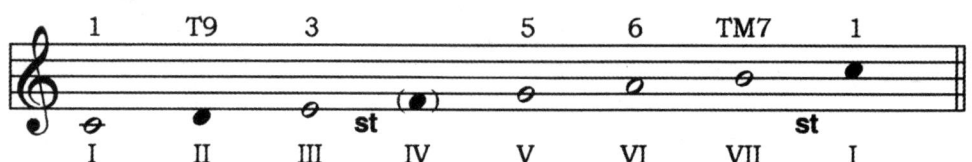

Aplicação
A escala Jônica (ou modo Jônico) é usada para improvisação nos acordes da categoria maior que não possuem alterações (♭5, ♯5, ♯9, etc.). É aplicada nos seguintes acordes:

$$M,\ M7,\ M7(9),\ M6,\ M{6 \atop 9},\ M7(6),\ M7({6 \atop 9}),\ (add9)$$

Análise Alternativa
▶ Esta escala é o ponto de partida para o estudo dos modos da escala maior.

Observações
▶ Os VI e VII graus são intercambiáveis nos acordes citados, ou seja, o acorde com 7ª maior pode ter a 6ª, e o de 6ª, a 7ª maior.

▶ Apesar do VII grau fazer parte da formação do acorde, é considerado de tensão e, consequentemente, recebe a marca TM7 para efeito de análise.

▶ Chamada também de escala Maior ou Diatônica Maior, é a mais agradável de ser ouvida devido à relação entre suas notas. Juntamente com a Dórica e a Mixolídia, forma a base da música popular.

▶ No tom de C, é a escala maior mais fácil de ser executada no teclado, já que em sua formação só há teclas brancas.

▶ O IV grau da escala - entre parênteses - deve ser evitado ou utilizado somente de passagem, resolvendo na 3ª maior, por ser dissonante ao acorde. No caso do acorde M7 (maior com 7ª maior), o I grau também é dissonante e deve ser usado com cautela, resolvendo na própria 7ª maior. Ao evitar a primeira e quarta notas, as restantes (ré, mi, sol, lá, si) acabam formando a escala Pentatônica Menor de E na quinta inversão. Estas escalas são intercambiáveis ao se improvisar sobre acordes maiores sem alterações.

Escala Dórica

Origem
II grau (menor) da escala Maior.

Formação
Cinco tons e dois semitons - t st t t t st t. Exemplo em C (II grau de B♭ maior).

Aplicação
A escala Dórica (ou modo Dórico) é usada na categoria dos acordes menores que não possuem alterações (♭5, ♯5, ♯9, etc.). Suas terças superpostas formam o acorde m13 (menor com 13ª). É aplicada nos seguintes acordes:

$$m,\ m6,\ m{6 \atop 9},\ m7,\ m7(9),\ m7\left({9 \atop 11}\right),\ m7\left({9 \atop {11 \atop 13}}\right),\ m(add9)$$

Análises Alternativas

▶ Pode ser analisada como uma escala Jônica começando na segunda nota. Por exemplo: a escala de C maior (modo Jônico) tem as notas dó, ré, mi, fá, sol, lá e si, assim como a de D menor (modo Dórico). Estas escalas possuem os mesmos sons e o que muda, apenas, é a nota de partida (ver primeiro exercício com encadeamento IIm-V-I resolvendo em maior, p. 127).

▶ É muito semelhante à escala Eólia (Menor Natural). A única diferença é que a Eólia possui o VI grau abaixado em um semitom.

Observações

▶ O VI grau deve ser evitado somente quando o IIm faz cadência para o V. Dentro do conceito modal, não é considerado a evitar.

▶ Alguns solistas preferem utilizar a escala Menor Melódica sobre os acordes menores com 6ª, ao invés da Dórica.

▶ A escala Dórica é também muito executada no blues em tom menor. Intercalando-a com a própria escala de Blues, obtém-se ótimos resultados.

▶ Se um acorde menor tiver função de III ou VI graus da escala maior, os modos Frígio ou Eólio são mais recomendados para improvisação.

Escala Frígia

Origem
III grau (menor) da escala Maior.

Formação
Cinco tons e dois semitons - st t t t st t t. Exemplo em C (III grau de A♭ maior).

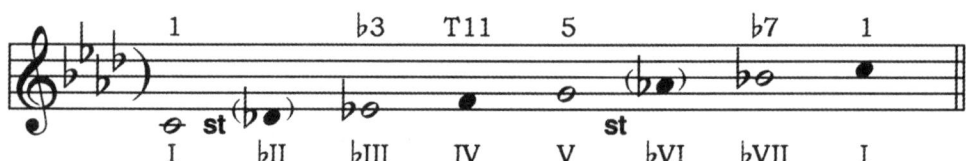

Aplicação
A escala Frígia (ou modo Frígio) é usada em acordes menores que exercem função de IIIm da escala maior e, sobretudo, no acorde Frígio.

Análise Alternativa
▶ Possui as mesmas notas que a escala Lócria (VII grau da escala maior) da tonalidade encontrada 5ª justa acima. Por exemplo: as notas da escala Frígia de E (mi, fá, sol, lá, si, dó e ré) são as mesmas que a da Lócria de B (si, dó, ré, mi, fá, sol, lá), começando em notas diferentes.

Observações
▶ **Utilização no m7** - A inclusão da 9ª maior no acorde menor 7ª na função de III grau é inviável, devido ao choque que cria com a segunda nota. Por exemplo: o acorde de Em7 na função de III grau demanda a escala Frígia que, em E, possui as notas mi, fá, sol, lá, si, dó, ré. Se a 9ª maior (fá♯) for acrescentada ao acorde, haverá choque com a nota fá da escala. A segunda e a sexta notas da escala Frígia (na função de III grau) são extremamente dissonantes e pedem resolução meio tom abaixo, na tônica e 5ª justa, respectivamente.

▶ **Utilização no Frígio** - O acorde Frígio sugere função de dominante e resolve no acorde maior 4ª justa acima (ou 5ª justa abaixo). Não existe cifragem padronizada para este acorde, porém as mais encontradas são: sus(♭9) ou Frígio. Analisando-se em blocos separados, de forma a facilitar sua visualização no teclado, poderia ainda ser cifrado da seguinte forma, com exemplo em C: D♭M7(♭5)/C, que tem as notas ré♭, fá, sol (ou ainda lá♭) e dó, com baixo em dó. Quando esta escala é executada sobre o acorde Frígio, nenhuma nota é a evitar.

Escala Lídia

Origem
IV grau (maior) da escala Maior.

Formação
Cinco tons e dois semitons - t t t st t t st. Exemplo em C (IV grau de G maior).

Aplicação
A escala Lídia (ou modo Lídio) é usada na categoria dos acordes maiores, sobretudo quando estes possuem a 11ª (ou 4ª) aumentada.

$$\text{M7(\#11), M7(\#4), M7, M7(9), M7}\binom{9}{\#11}\text{, M6, M}\binom{6}{9}\text{, (add9)}$$

Análises Alternativas
▶ Escala maior (Jônica) com a 4ª aumentada.

▶ Pode-se executar a escala maior da tonalidade encontrada uma 5ª justa acima da cifra em questão. Por exemplo: a escala Jônica de G, que tem a nota fá#, aplica-se perfeitamente no C modo Lídio, onde a quarta nota também é fá#; ou seja, executa-se a escala Jônica de G, sobre o acorde de CM7.

Observações
▶ A exemplo do que ocorre na escala Jônica, os VI e VII graus são intercambiáveis. Assim, esta escala pode ser aplicada em acordes maiores com 6ª ou com 7ª maior.

▶ A maneira mais correta de anotar a cifra do acorde do modo Lídio é M7(#11), mas é também encontrada das seguintes formas: M7(b5), M+4, M7+4 e M7(#4).

▶ O IV grau é aumentado, o que elimina a dissonância da 4ª justa (nota a evitar) da escala maior diatônica (Jônica). A tônica é dissonante ao acorde de M7 (devido ao choque com a 7ª maior) e pede resolução na mesma (7ª), como na escala Jônica.

▶ Mesmo que em uma cifra M7 (7ª maior) não apareça a #11 (ou #4), pode-se executá-la na melodia, de acordo com o contexto musical. Este é um recurso que embeleza a resolução em acordes M7, direcionando o improviso para novos caminhos.

Escala Mixolídia

Origem
V grau (dominante) da escala Maior.

Formação
Cinco tons e dois semitons - t t st t t st t. Exemplo em C (V grau de F maior).

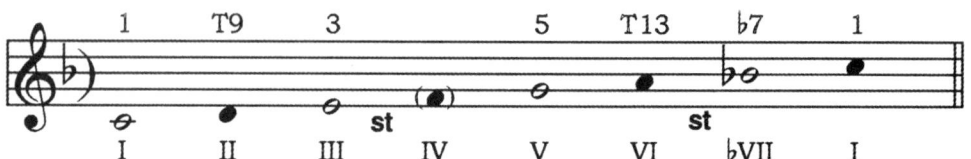

Aplicação
A escala Mixolídia (ou modo Mixolídio) é usada na categoria dos acordes dominantes que não possuem alterações (♭5, ♯5, ♭9, ♯9 ou ♯11) e também nos acordes dominantes com 4ª suspensa (ou 11ª), com diferente nota a evitar.

$$7,\ 7(9),\ 7\binom{9}{13},\ 7(13) \qquad sus4,\ 7(4),\ \frac{7}{4}(9),\ 7\binom{9}{11},\ 7\binom{9}{11}_{13}$$

Análises Alternativas

▶ Escala maior com o VII grau abaixado de 1 semitom, ou seja, com a 7ª menor.

▶ Pode-se executar a escala Dórica da tonalidade encontrada 5ª justa acima da cifra em questão. Por exemplo: a escala Dórica de G tem as notas sol, lá, si♭, dó, ré, mi e fá, assim como a Mixolídia de C. Essas escalas possuem os mesmos sons e o que muda, apenas, é a nota de partida (ver primeiro exercício com encadeamento II-V-I resolvendo em maior, p. 127).

Observações

▶ É também denominada escala Dominante.
▶ Em acordes dominantes sem 4ª, o IV grau é a evitar e pede resolução na 3ª maior, devendo ser executado como nota de passagem.
▶ Quando o acorde de 7ª tem a 4ª suspensa (ou 11ª), sem a 3ª, é considerado um caso especial, onde o III grau é suprimido e o IV passa a ser do acorde (embora seja também considerado nota de tensão T4 ou T11). Sempre que aparecer uma cifra com tríade maior sobre baixo alternado um tom acima, como por exemplo B♭/C, que é equivalente a C 7(4 9) ou C7(9 11), esta é a escala a ser executada.
▶ Este modo é de extrema importância por ser o V grau (tensão) da cadência II-V-I que é a base da música popular em geral. O que define o acorde dominante é a 3ª maior e a 7ª menor. Um acorde com estas características cria uma tensão que necessita resolução, geralmente, em um acorde 4ª justa acima (ou 5ª justa abaixo). Por exemplo: G7 pede resolução no C ou Cm.
▶ Nos encadeamentos II-V-I pode-se executar simplesmente o modo Mixolídio (V grau), já que suas notas são comuns ao modo Dórico e ao Jônico. Se o V grau da cadência tiver alterações (♯5, ♭9, etc.), outros modos são mais recomendados, como será visto mais adiante.

Escala Eólia

Origem
VI grau (menor) da escala Maior.

Formação
Cinco tons e dois semitons - t st t t st t t. Exemplo em C (VI grau de E♭ maior).

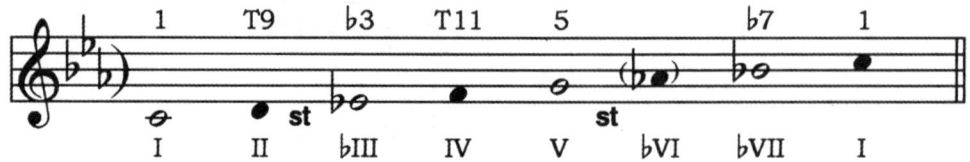

Aplicação
A escala Eólia (ou modo Eólio) é usada na categoria dos acordes menores que não possuem alterações (com exceção da 6ª menor) e que têm função de VIm.

> m, m7, m7(9), m(♭6)

Análises Alternativas
▶ É a própria escala diatônica Menor Natural.

▶ Pode ser vista como escala Jônica do tom encontrado uma 3ª menor acima. Por exemplo: a escala Jônica de C é a Eólia de A, começando na terceira nota. Estas escalas são relativas.

Observações
▶ A escala Eólia de A é fácil de executar ao teclado, pois em sua formação só há teclas brancas, como na maior de C (sua relativa).

▶ Se um acorde menor tem a função de I (com 6ª maior) ou II grau, usa-se a escala Dórica.

▶ Não é um modo muito utilizado, a não ser no VI grau do encadeamento I-VI-II-V, como por exemplo: C Am7 Dm7 G7 (do tipo "Blue Moon"). Mesmo assim, gera muita controvérsia pois, nesta situação, o acorde do VI grau (Am7) exerce a função de dominante e constantemente é substituído pelo A7 ou A(alt). Por outro lado, é possível improvisar facilmente (mas sem muita criatividade) neste encadeamento, com uma única série de notas: a do modo Jônico de C.

▶ A sexta nota do Eólio é a evitar e parece atrair sempre uma harmonização com acorde alterado.

▶ Onde esta escala se encaixa perfeitamente é no acorde ♭6 (6ª menor), encontrado em progressões como: Am Am(♭6) Am6 Am(♭6).

Escala Lócria

Origem
VII grau (meio diminuto) da escala Maior.

Formação
Cinco tons e dois semitons - st t t st t t t . Exemplo em C (VII grau de D♭ maior).

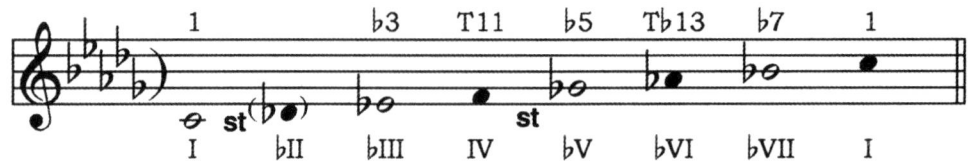

Aplicação
A escala Lócria (ou modo Lócrio) é usada no acorde menor 7ª com a 5ª diminuta (também chamado meio diminuto).

$$m7(♭5),\ ∅,\ m7(\genfrac{}{}{0pt}{}{♭5}{11}),\ m7(\genfrac{}{}{0pt}{}{♭5}{♭13})$$

Análises Alternativas

▶ Escala Jônica da tonalidade encontrada um semitom acima, partindo da 7ª. Por exemplo: sobre um acorde de Cm7(♭5), pode-se executar a escala Jônica de C♯ (dó♯, ré♯, mi♯, fá♯, sol♯, lá♯, si♯), de preferência começando no si♯ (enarmônico de dó). Os sons são os mesmos.

▶ Escala Dórica da tonalidade encontrada 3ª menor acima, partindo da 6ª. Por exemplo: sobre o Cm(♭5) pode-se perfeitamente usar a escala Dórica de E♭ (mi♭, fá, sol♭, lá♭, si♭, dó, ré♭). Os sons são os mesmos.

Observações

▶ É também denominada escala Meio Diminuta.

▶ A segunda nota é dissonante e pede resolução na tônica.

▶ Quando o acorde tiver a 9ª incluída m7(♭5 9), é preferível a escala Lócria 2ª maior (sexto modo da escala Menor Melódica), onde a segunda nota é elevada em um semitom, o que evita choques.

▶ Esta escala, juntamente com a Lócria 2ª Maior, é usada nas cadências II-V-I, quando o II grau for um acorde meio diminuto (ver primeiro exercício com encadeamento IIm-V7-I resolvendo em menor, p. 128).

Modos da Escala Maior Seguidos

Os acordes básicos são formados pelas notas brancas. No caso do Jônico, a 6ª e a 7ª são intercambiáveis.

Tom de E

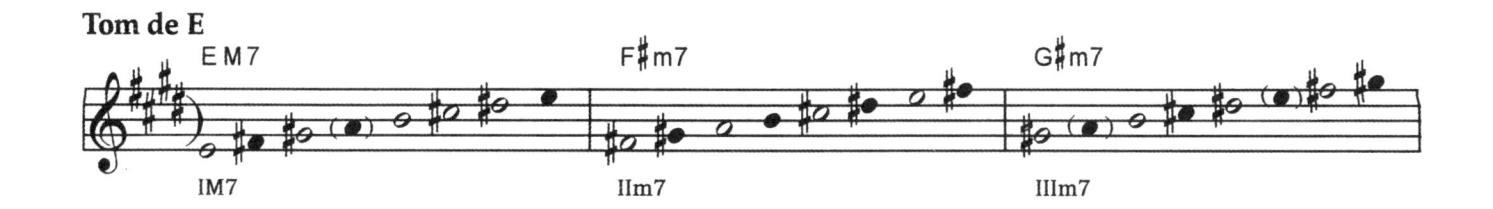

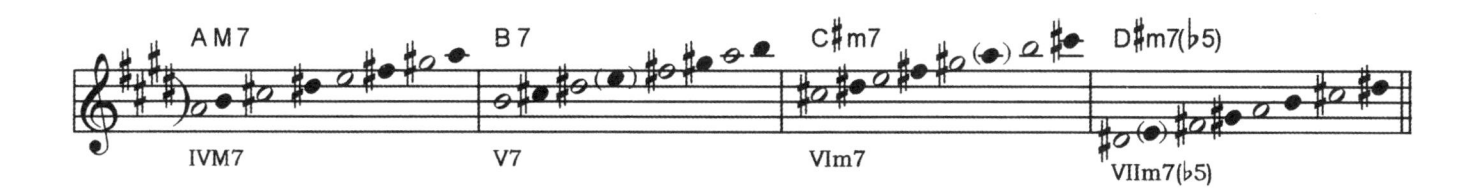

E M7 (IM7) — **F#m7** (IIm7) — **G#m7** (IIIm7)

A M7 (IVM7) — **B7** (V7) — **C#m7** (VIm7) — **D#m7(b5)** (VIIm7(b5))

Tom de F

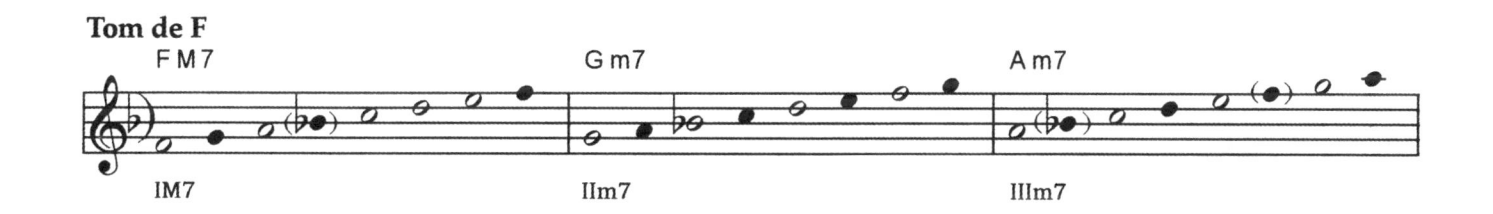

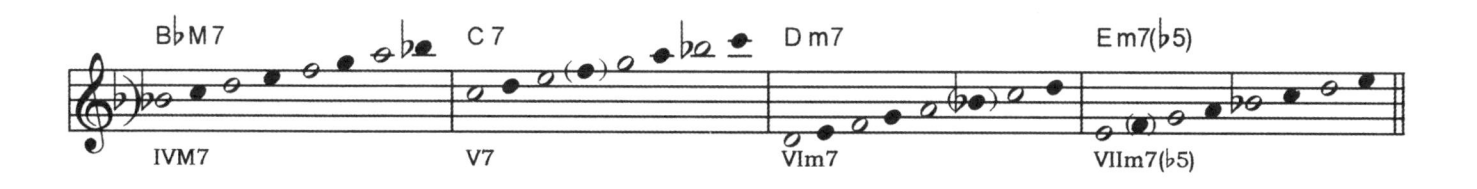

F M7 (IM7) — **G m7** (IIm7) — **A m7** (IIIm7)

Bb M7 (IVM7) — **C7** (V7) — **D m7** (VIm7) — **E m7(b5)** (VIIm7(b5))

Tom de F#

F# M7 (IM7) — **G# m7** (IIm7) — **A# m7** (IIIm7)

B M7 (IVM7) — **C#7** (V7) — **D# m7** (VIm7) — **F m7(b5)** (VIIm7(b5))

Tom de G

G M7 (IM7) — **A m7** (IIm7) — **B m7** (IIIm7)

C M7 (IVM7) — **D7** (V7) — **E m7** (VIm7) — **F# m7(b5)** (VIIm7(b5))

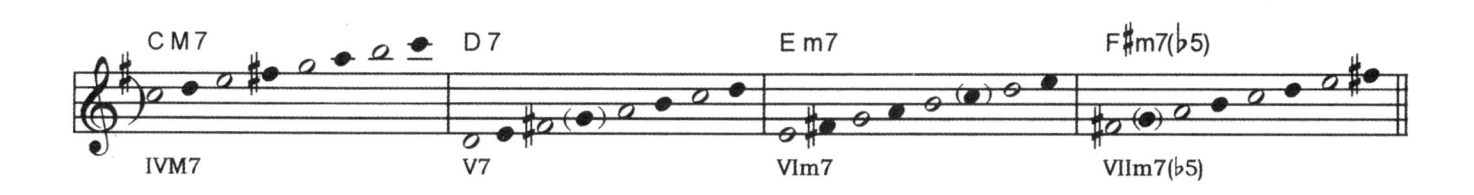

Tom de A♭

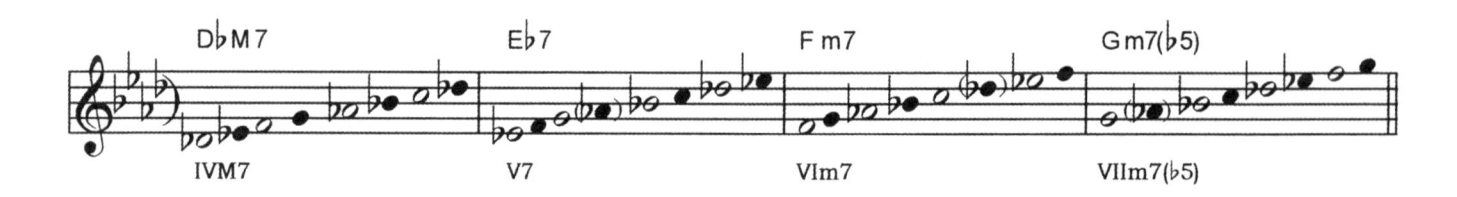

A♭M7 — IM7
B♭m7 — IIm7
Cm7 — IIIm7
D♭M7 — IVM7
E♭7 — V7
Fm7 — VIm7
Gm7(♭5) — VIIm7(♭5)

Tom de A

AM7 — IM7
Bm7 — IIm7
C#m7 — IIIm7
DM7 — IVM7
E7 — V7
F#m7 — VIm7
G#m7(♭5) — VIIm7(♭5)

Tom de B♭

B♭M7 — IM7
Cm7 — IIm7
Dm7 — IIIm7
E♭M7 — IVM7
F7 — V7
Gm7 — VIm7
Am7(♭5) — VIIm7(♭5)

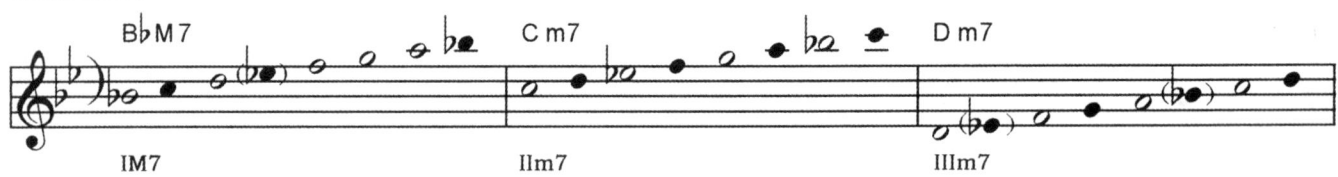

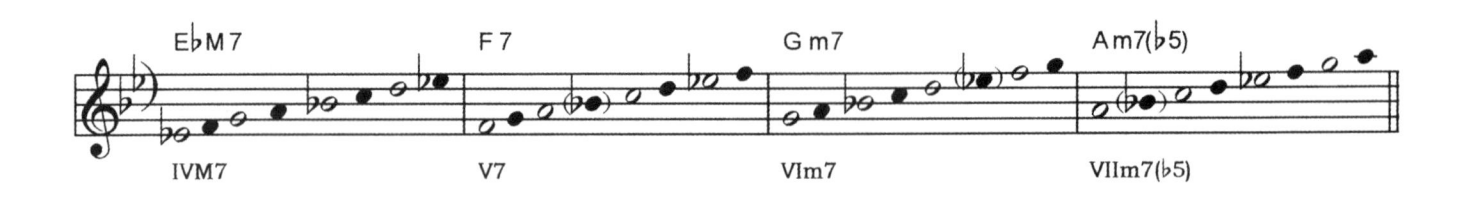

Tom de B

BM7 — IM7
C#m7 — IIm7
D#m7 — IIIm7
EM7 — IVM7
F#7 — V7
G#m7 — VIm7
A#m7(♭5) — VIIm7(♭5)

PARTE 3

MODOS DA ESCALA MENOR MELÓDICA

MODOS DA ESCALA MENOR MELÓDICA

A escala Menor Melódica gera sete modos ou escalas, como demonstra o seguinte gráfico, com exemplo em C:

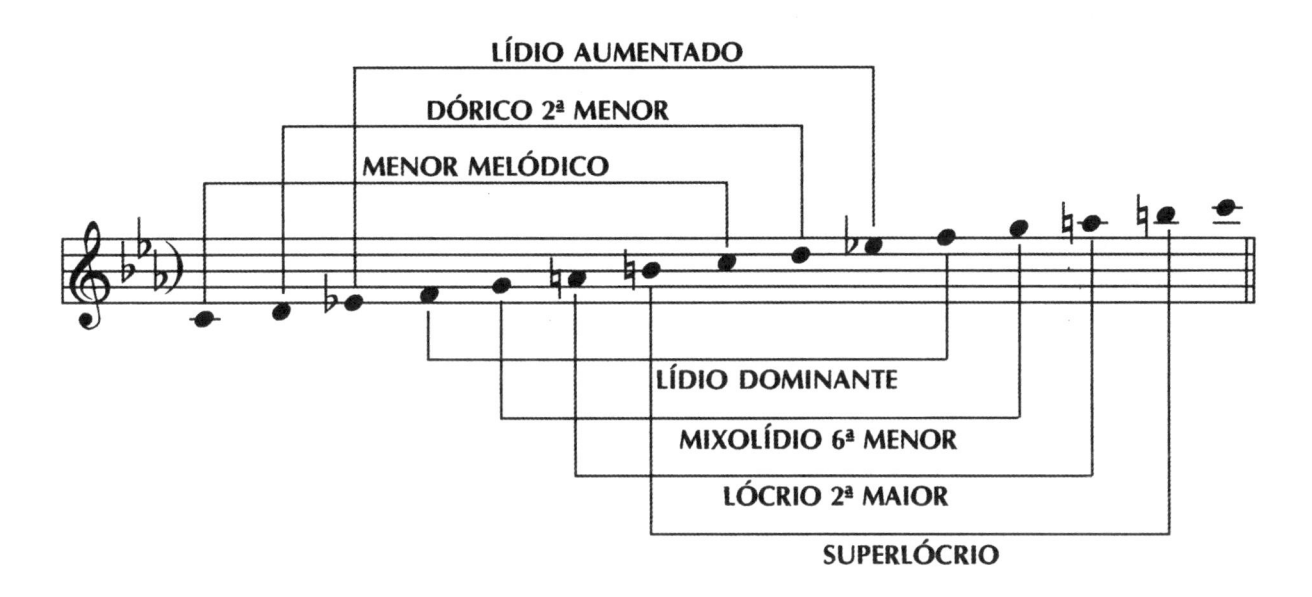

GRAU	NOTAS	NOME DA ESCALA	FORMAÇÃO
I	Dó a Dó	Menor Melódica	t st t t t t st
II	Ré a Ré	Dórica 2ª Menor	st t t t t st t
III	Mi♭ a Mi♭	Lídia Aumentada	t t t t st t st
IV	Fá a Fá	Lídia Dominante	t t t st t st t
V	Sol a Sol	Mixolídia 6ª Menor	t t st t st t t
VI	Lá a Lá	Lócria 2ª Maior	t st t st t t t
VII	Si a Si	Superlócria	st t st t t t t

Acordes Gerados pela Escala Menor Melódica Ascendente
Exemplo em C

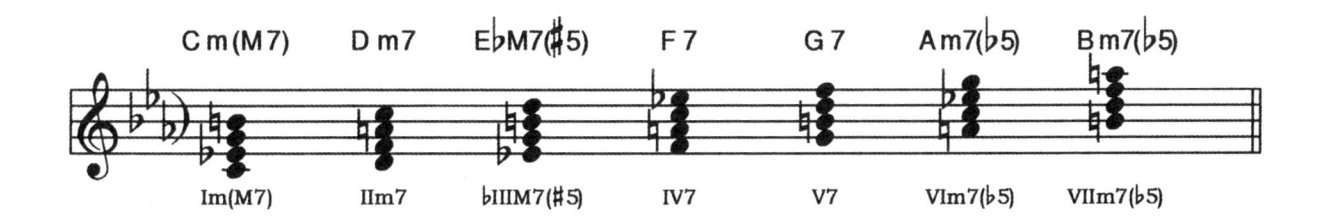

Escala Menor Melódica

Origem
I grau (menor) da escala Menor Melódica.

Formação
Cinco tons e dois semitons - t st t t t t st. Exemplo em C.

Aplicação
A escala Menor Melódica ascendente (ou modo Menor Melódico) é usada nos acordes da categoria menor que possuem a 7ª maior, e nos menores com 6ª.

$$m(M7),\ m(\tfrac{M7}{9}),\ m(\tfrac{M7}{6}),\ m6,\ m_9^6$$

Análises Alternativas

▶ Pode ser vista como uma escala maior (Jônica) com a 3ª abaixada de um semitom.

▶ Escala Super Lócria da tonalidade encontrada a partir da sétima nota. Por exemplo: a escala Menor Melódica de C (dó, ré, mi♭, fá, sol, lá, si) possui as mesmas notas que a Super Lócria de B (si, dó, ré, mi♭, fá, sol, lá).

▶ Escala menor natural (Eólia) com o VI e VII graus elevados em um semitom.

▶ Escala menor harmônica com o VI grau elevado em um semitom.

Observações

▶ Os VI e VII graus são intercambiáveis nos acordes citados, ou seja, o acorde m(M7) pode ter a 6ª, e o m6 pode ter a 7ª maior.

▶ A tônica deve ser executada com cuidado pois choca com a 7ª maior e pede resolução na mesma.

▶ Como possui os mesmos sons que a Super Lócria, é muito importante assimilar esta escala para facilitar a improvisação sobre o V grau alterado da cadência IIm-V-I. Nesta situação, muitos solistas pensam na escala Menor Melódica, começando na sétima nota, ao invés da Super Lócria.

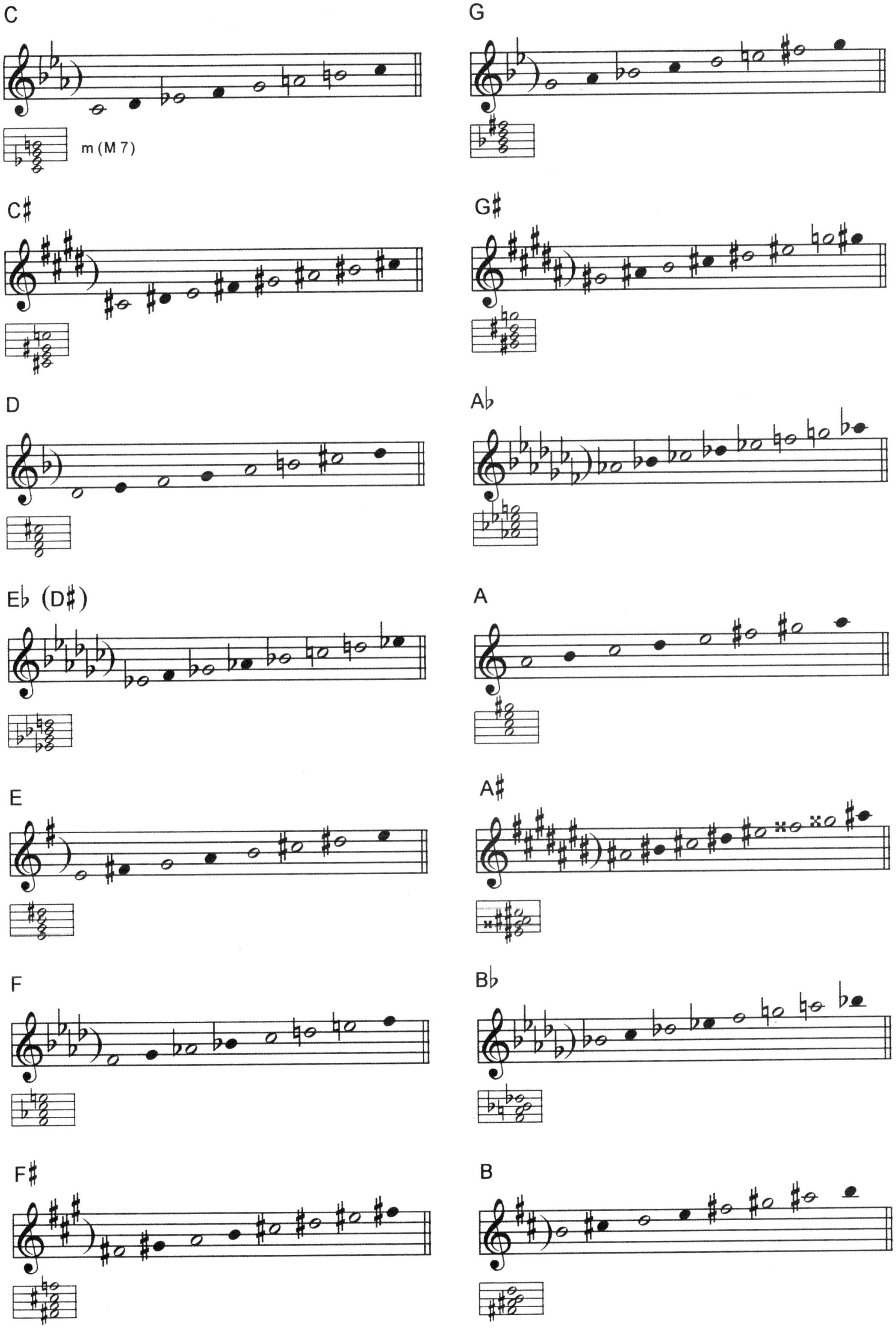
C
m (M 7)
C♯
D
E♭ (D♯)
E
F
F♯
G
G♯
A♭
A
A♯
B♭
B

Escala Dórica 2ª Menor

Origem
II grau (menor) da escala Menor Melódica.

Formação
Cinco tons e dois semitons - st t t t t st t. Exemplo em C (II grau de B♭ menor).

Aplicação
Embora seu acorde básico seja um m7, a escala Dórica 2ª Menor (Modo Dórico 2ª Menor) é usada nos acordes de 4ª suspensa com 9ª menor, podendo ter ainda a 13ª maior.

$$\text{sus}(\flat 9), \quad \text{sus}\binom{\flat 9}{13}$$

Análise Alternativa
▶ Pode ser vista como uma escala Lídia Dominante, partindo-se da terceira nota.

Observações
▶ Esta escala tem sonoridade e função de dominante e resolve, naturalmente, 5ª justa abaixo. Sobre o acorde sus(♭9), todas as notas são consonantes.

▶ Este acorde pode ser mais precisamente cifrado como sus (♭9 13), que no tom de G, por exemplo, tem as notas: G (tônica), A♭ (9ª menor), C (4ª sus), E (13ª maior). Analisando de outro ângulo, poderia ainda ser escrito, com exemplo em G, como A♭M7(♯5)/G e Fm(M7 9)/G.

▶ A cifra sus(♭9) também simboliza o acorde Frígio (ver p. 26), onde utiliza-se a escala Frígia, que possui a sexta nota (♭13) a evitar. Ainda não se definiu exatamente a cifragem deste acorde, o que gera certa confusão. Alguns músicos passaram a adotar a cifra sus (♭9 ♭13) no acorde Frígio, para distingui-lo do acorde do Segundo Modo da Menor Melódica, o sus (♭9 13).

C *(II de B♭m)*

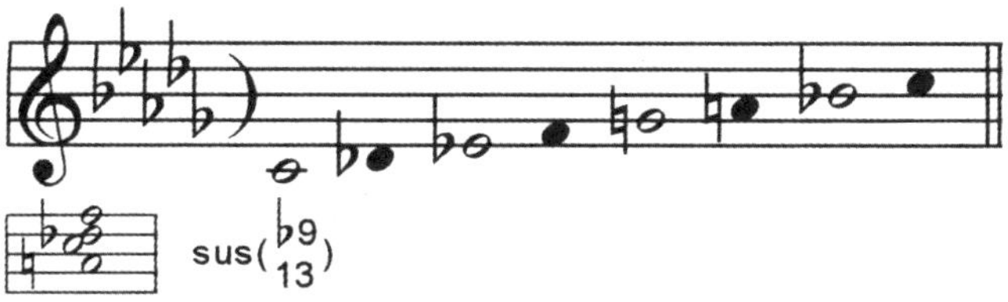

G *(II de Fm)*

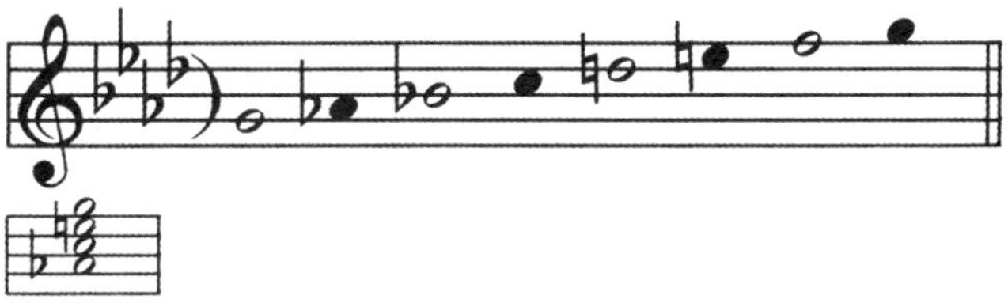

C♯ *(II de Bm)*

G♯ *(II de F♯m)*

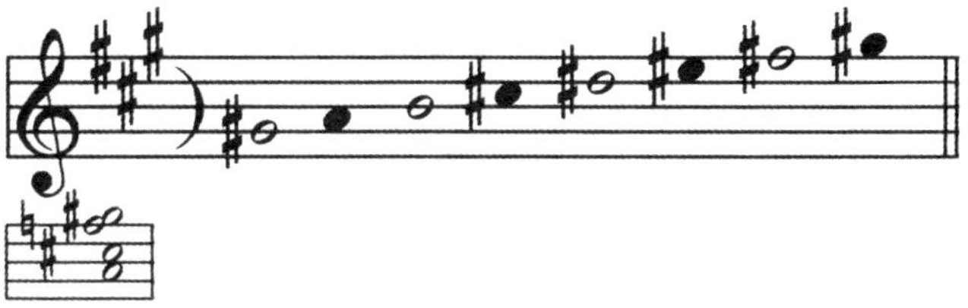

D *(II de Cm)*

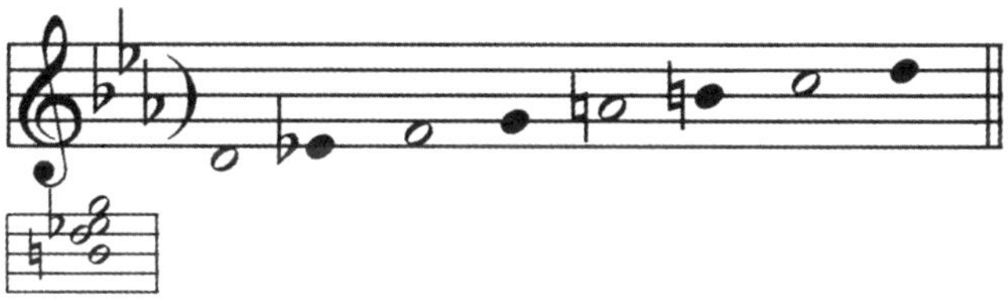

A *(II de Gm)*

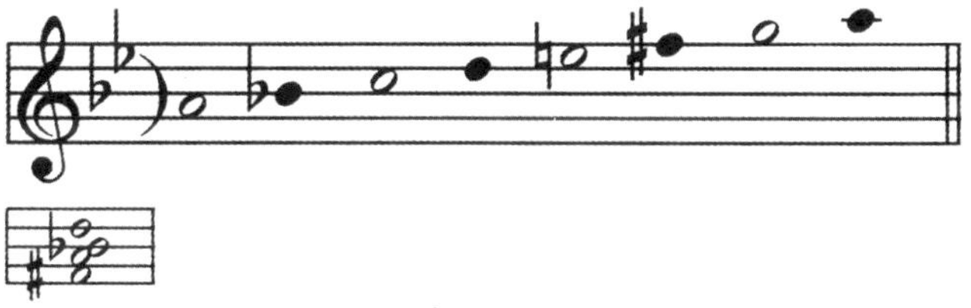

D♯ *(II de C♯m)*

A♯ *(II de G♯m)*

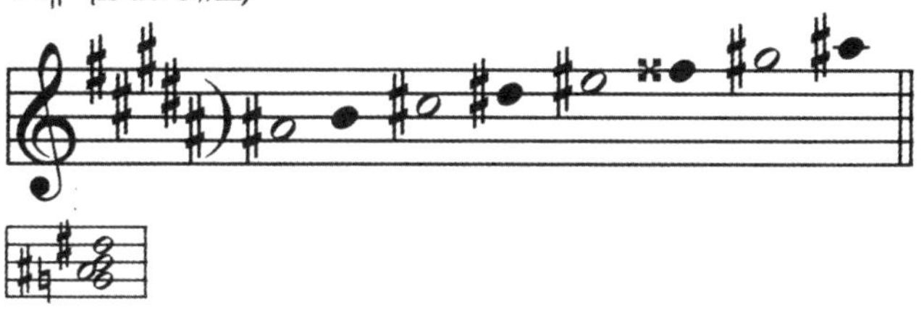

E *(II de Dm)*

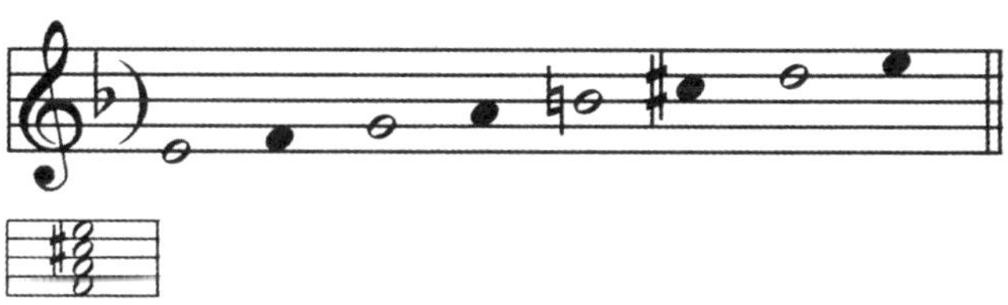

B♭ *(II de A♭m)*

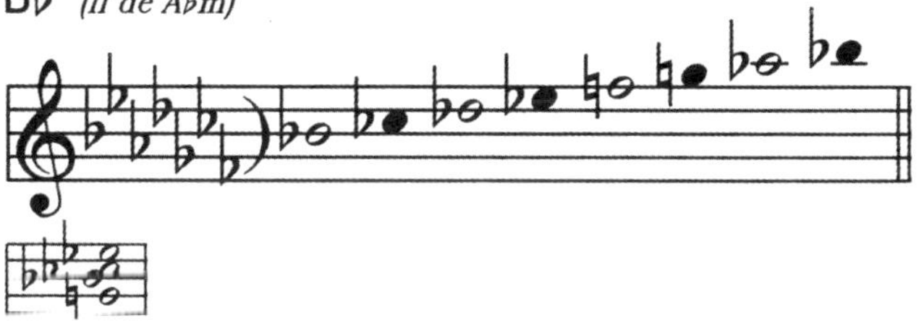

F *(II de E♭m)*

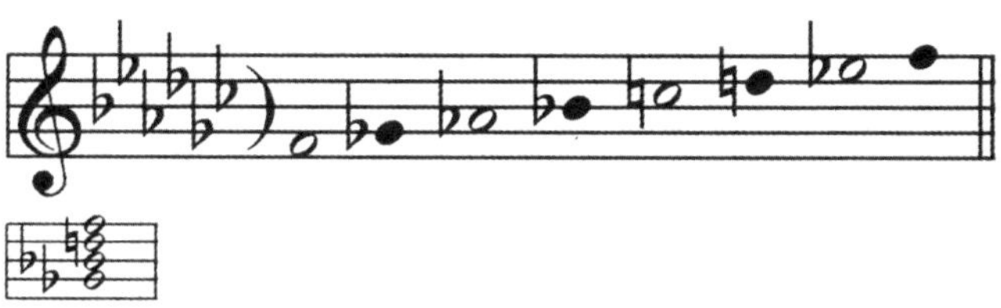

B *(II de Am)*

F♯ *(II de Em)*

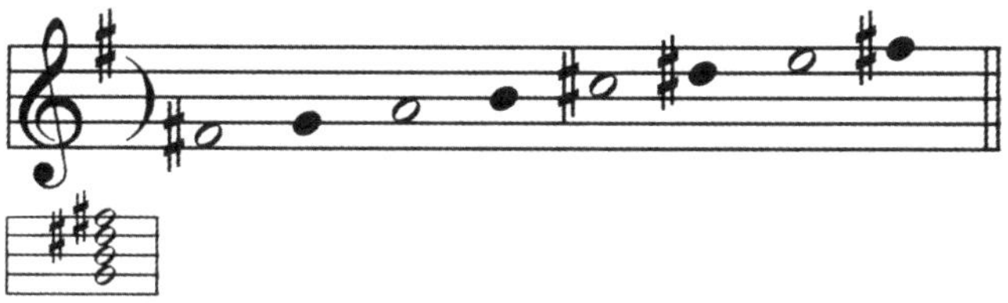

Escala Lídia Aumentada

Origem
III grau (5ª aumentada) da escala Menor Melódica.

Formação
Cinco tons e dois semitons - t t t t st t st. Exemplo em C (III grau de A menor).

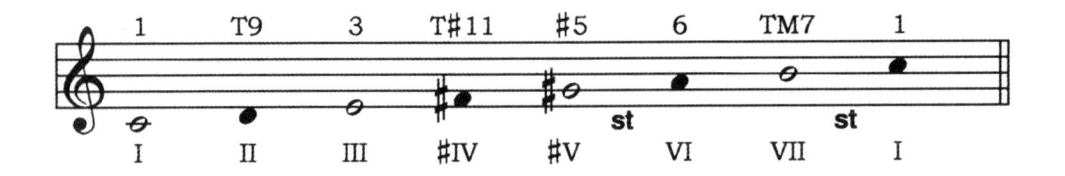

Aplicação
A escala Lídia Aumentada (modo Lídio Aumentado) é usada na categoria dos acordes maiores que possuem a 5ª aumentada.

$$\sharp 5,\ M7(\sharp 5)$$

Análises Alternativas
▶ Escala maior (Jônica) com a 4ª e a 5ª aumentadas.

▶ Escala Lídia com o V grau elevado em um semitom.

Observações
▶ É chamada Lídia Aumentada porque tem características da Lídia ($\sharp$4), sendo que a 5ª também é aumentada ($\sharp$5). Alguns músicos chamam-na, ainda, de escala Maior $\sharp$4 e $\sharp$5 (maior com 4ª aumentada e 5ª aumentada).

▶ A tônica é dissonante e pede resolução na 7ª maior, como acontece, também, nas escalas maiores que possuem 7ª maior.

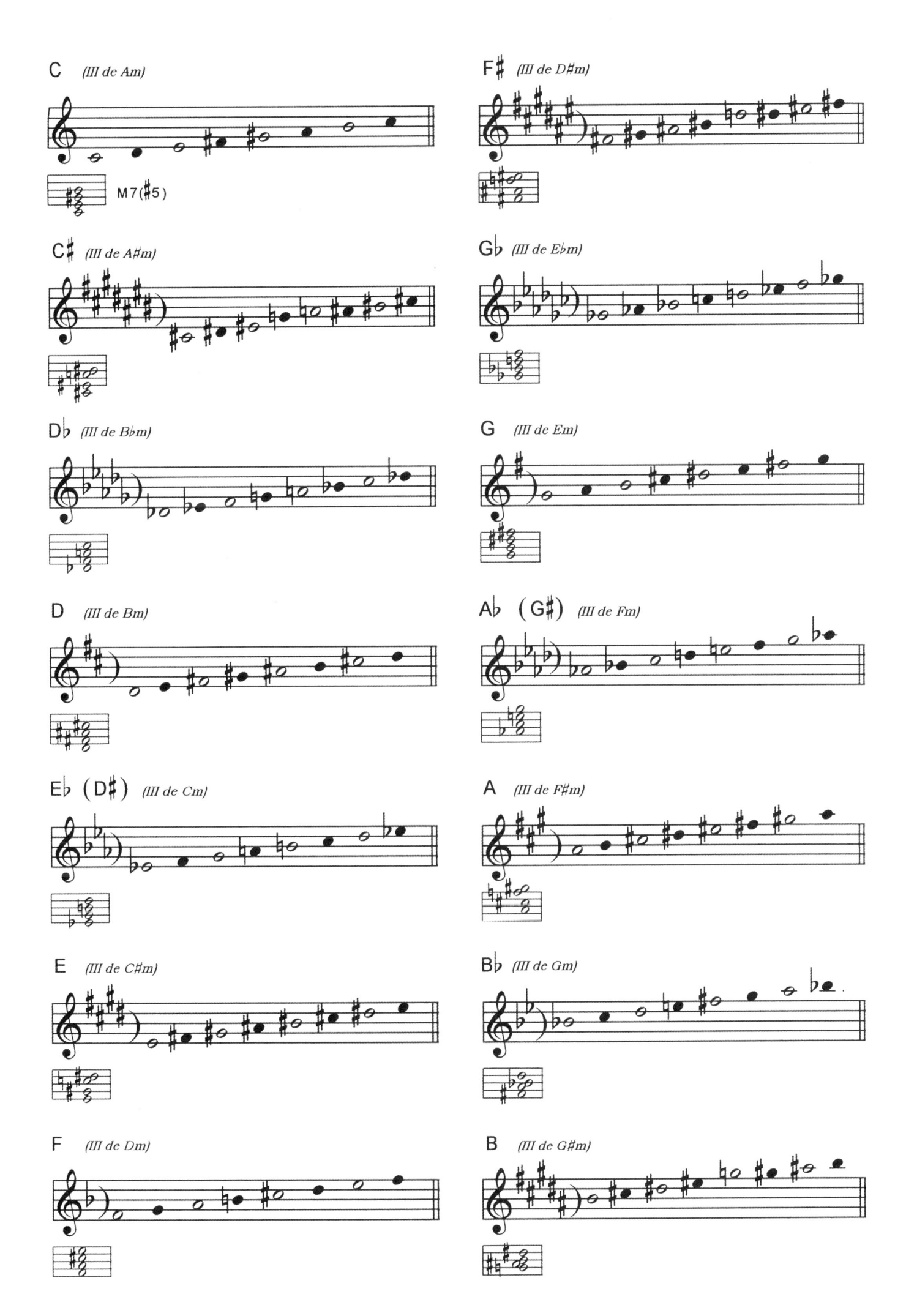

M7(♯5)

- C *(III de Am)*
- C♯ *(III de A♯m)*
- D♭ *(III de B♭m)*
- D *(III de Bm)*
- E♭ (D♯) *(III de Cm)*
- E *(III de C♯m)*
- F *(III de Dm)*
- F♯ *(III de D♯m)*
- G♭ *(III de E♭m)*
- G *(III de Em)*
- A♭ (G♯) *(III de Fm)*
- A *(III de F♯m)*
- B♭ *(III de Gm)*
- B *(III de G♯m)*

Escala Lídia Dominante

Origem
IV grau (dominante) da escala Menor Melódica.

Formação
Cinco tons e dois semitons - t t t st t st t. Exemplo em C (IV grau de G menor).

Aplicação
A escala Lídia Dominante (modo Lídio Dominante) é usada nos acordes da categoria dominante que possuem uma única alteração: a 11ª aumentada. Embora a ♯11 seja igual a ♯4, é incomum encontrar um acorde cifrado desta última forma; na prática, embora não seja correto, é substituído pela cifra ♭5 (5ª diminuta), seu enarmônico.

$$C7(\sharp 11),\ C7(^{\ \ 9}_{\sharp 11}),\ C7(^{\sharp 11}_{\ 13}),\ C7(\flat 5)$$

Análises Alternativas
▶ Escala Lídia com o VII grau abaixado em um semitom (7ª menor).

▶ Escala Míxolídia com a 4ª aumentada.

▶ Escala Super Lócria, partindo-se da tonalidade 3 tons (um trítono) acima ou abaixo.

Observações
▶ O nome Lídia Dominante é atribuído pelas semelhanças com a escala Lídia (♯4), sendo que a 7ª é menor (♭7). Sua característica é de dominante, já que a 3ª é maior e a 7ª menor. É chamada também de Lídia ♭7 (Lídia 7ª menor).

▶ Sempre que um acorde dominante tiver a ♯11, esta é a escala recomendada, ao invés da Mixolídia.

▶ Possui os mesmos sons que a Super Lócria, partindo da nota localizada 3 tons (trítono) acima ou abaixo. Este princípio é muito importante para improvisação em que ocorre substituição de trítonos de acordes dominantes (ver substituição de trítonos, p. 121).

▶ As melodias do gênero musical baião são desenvolvidas tipicamente com esta escala.

C *(IV de Gm)*

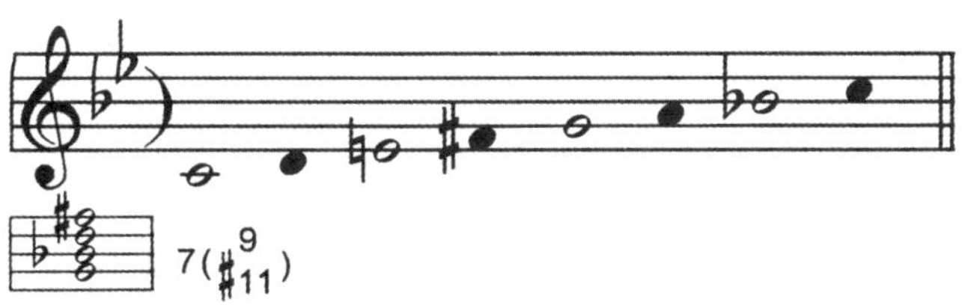

C♯ (D♭) *(IV de G♯m)*

D *(IV de Am)*

D♯ *(IV de A♯m)*

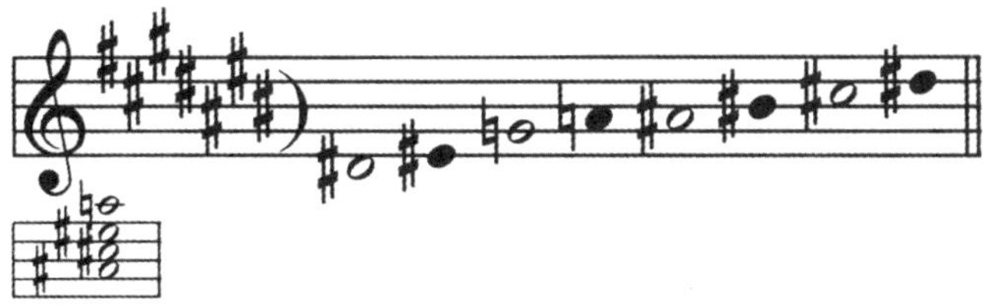

E♭ *(IV de B♭m)*

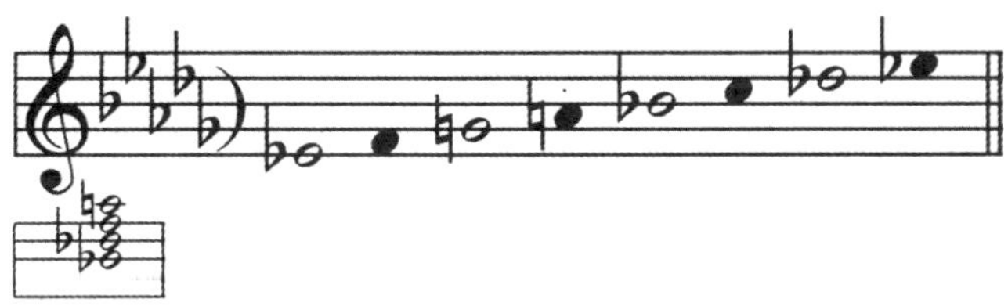

E *(IV de Bm)*

F *(IV de Cm)*

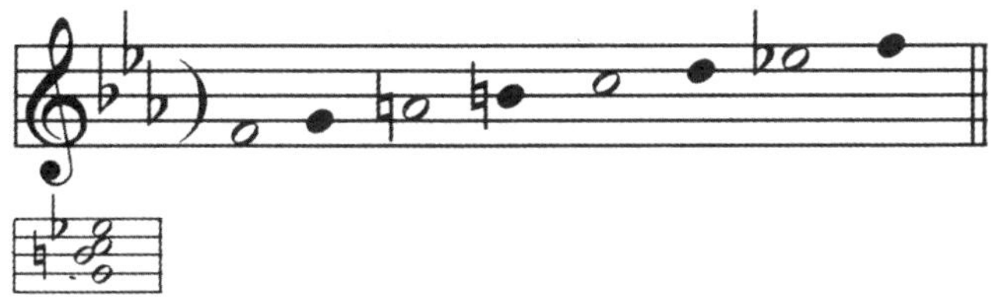

F♯ (G♭) *(IV de C♯m)*

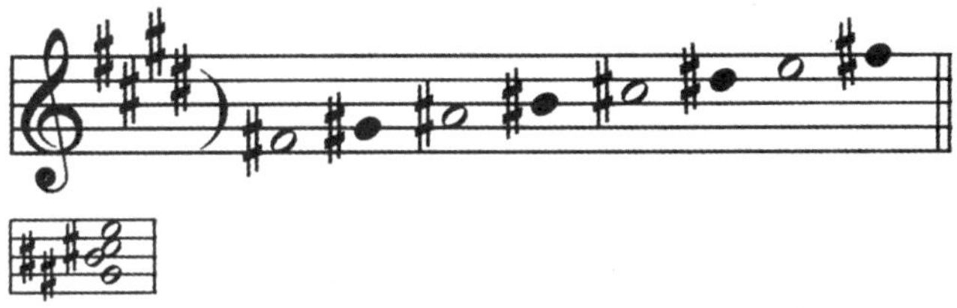

G *(IV de Dm)*

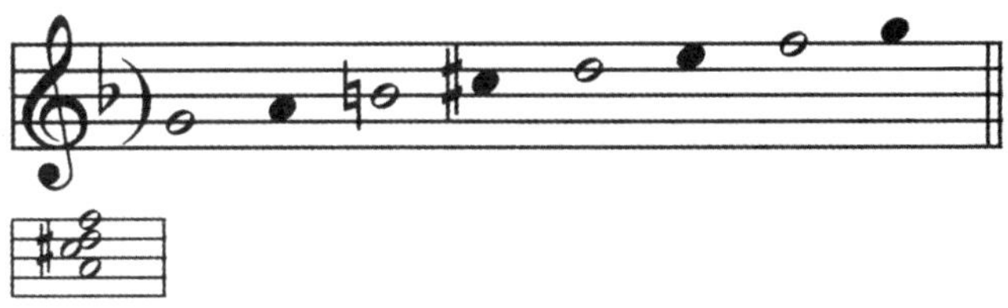

G♯ *(IV de D♯m)*

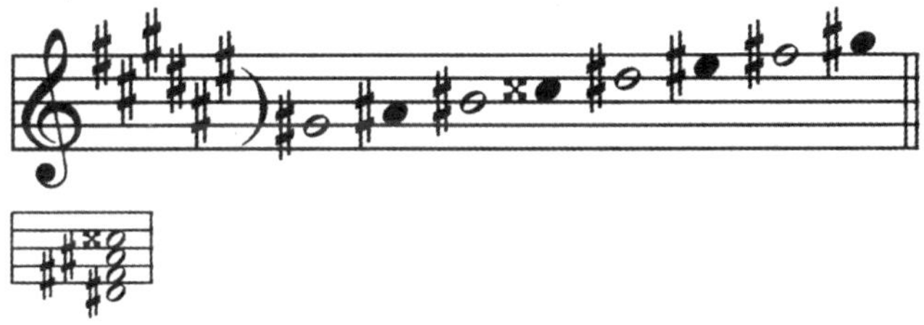

A♭ *(IV de E♭m)*

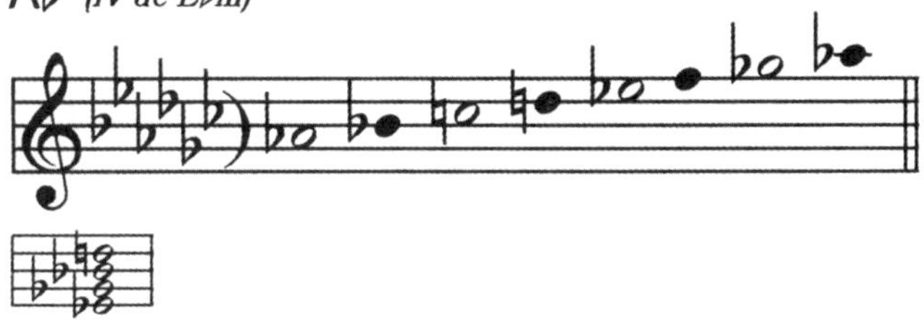

A *(IV de Em)*

B♭ *(IV de Fm)*

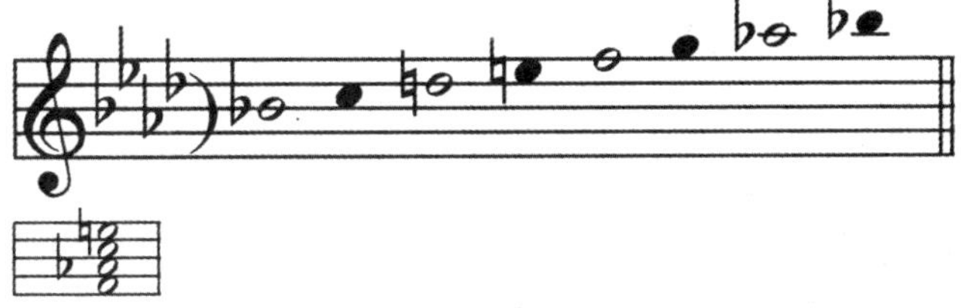

B *(IV de F♯m)*

Escala Mixolídia 6ª Menor

Origem
V grau (dominante) da escala Menor Melódica.

Formação
Cinco tons e dois semitons - t t st t st t t. Exemplo em C (V grau de F menor).

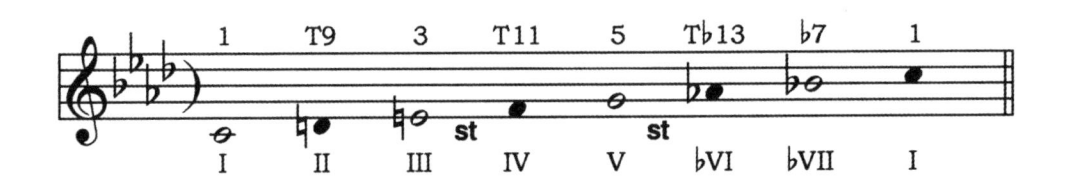

Aplicação
A escala Mixolídia 6ª menor (modo Mixolídio 6ª menor) é usada raramente devido aos choques. Sua aplicação menos problemática é no acorde dominante com 13ª menor na seguinte inversão: tônica, 5ª justa, 6ª menor e 3ª maior em cima.

$$7(\flat 13)$$

Análises Alternativas
▶ Escala Menor Melódica da tonalidade encontrada 4ª justa acima, partindo-se da quinta nota. Exemplo em C: C Mixolídia 6ª menor tem as notas dó, ré, mi, fá, sol, láb e sib, ou seja, as mesmas que a de F Menor Melódica (fá, sol, láb, sib, dó, ré, mi).

▶ Escala Mixolídia com o VI grau abaixado em um semitom.

Observações
▶ É também denominada Quinto modo da Menor Melódica.

▶ A escala não se aplica ao acorde 7(♭13) na inversão mais executada (tônica, 7ª, 9ª, 3ª, ♭13ª), em consequência dos choques com a 4ª e 5ª justas. Outras formas de cifrar o acorde 7(♭13) com possibilidade de execução sem choques seriam, com exemplo no tom de C: Fm(M7)/C, Gsus(♭9)/C, A♭M7(♯5)/C, B♭7(♯11)/C, DØ/C, E7(alt)/C.

▶ O quinto modo da escala Menor Harmônica (p. 108) é usado como substituto deste modo quase impraticável, substituindo a 9ª maior pela menor, que forma o acorde C7(♭9 ♭13).

C (V de Fm)	F# (V de Bm)
7(b13)	

C# (V de F#m)	G (V de Cm)

D (V de Gm)	G# (Ab) (V de C#m)

D# (V de G#m)	A (V de Dm)

Eb (V de Abm)	A# (V de D#m)

E (V de Am)	Bb (V de Ebm)

F (V de Bbm)	B (V de Em)

Escala Lócria 2ª Maior

Origem
VI grau (meio diminuto) da escala Menor Melódica.

Formação
Cinco tons e dois semitons - t st t st t t t. Exemplo em C (VI grau de E♭ menor).

Aplicação
A escala Lócria 2ª Maior (modo Lócrio 2ª Maior) é aplicada no acorde menor 7ª com 5ª diminuta e 9ª, também denominado meio diminuto com 9ª (Ø9).

$$m7(\flat 5 / 9),\ Ø9$$

Análises Alternativas

▶ Escala Lócria com o II grau elevado em um semitom.

▶ Escala Menor Natural (Eólia) com o V grau abaixado em um semitom.

▶ Escala Menor Melódica da tonalidade encontrada 3ª menor acima, partindo da sexta nota (ou da nota 3ª menor abaixo). Exemplo em C: C Lócria 2ª Maior tem as notas dó, ré, mi♭, fá, sol♭, lá♭, si♭, ou seja, as mesmas que a E♭ Menor Melódica (mi♭, fá, sol♭, lá♭, si♭, dó, ré).

Observações

▶ Além das nomenclaturas citadas, pode ser chamada ainda de Lócria 9ª Maior ou Meio Diminuta 2ª maior.

▶ Quando a 9ª maior não estiver presente, é preferível a escala Lócria, embora muitos solistas atualmente executem a Lócria 2ª Maior, em ambos os casos.

C *(VI de E♭m)*

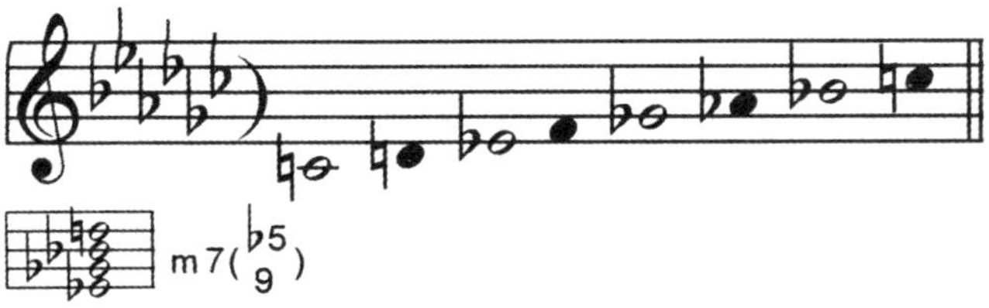

C♯ (D♭) *(VI de Em)*

D *(VI de Fm)*

D♯ (E♭) *(VI de F♯m)*

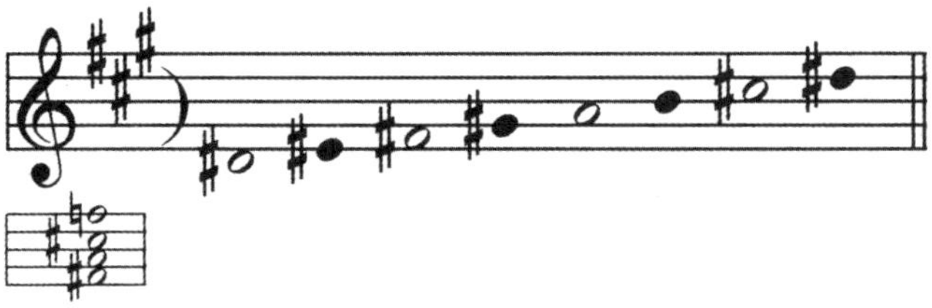

E *(VI de Gm)*

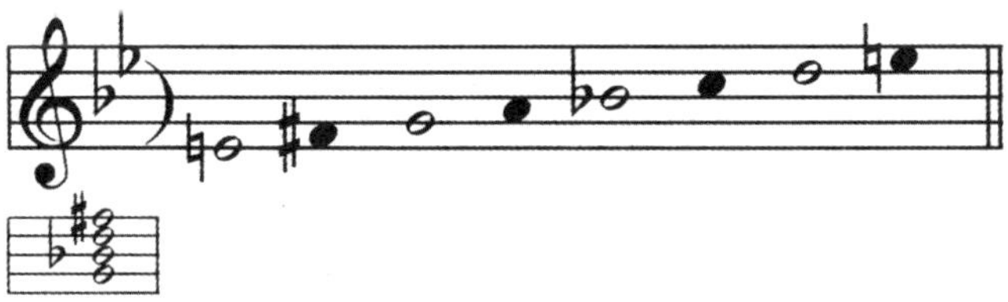

F *(VI de A♭m)*

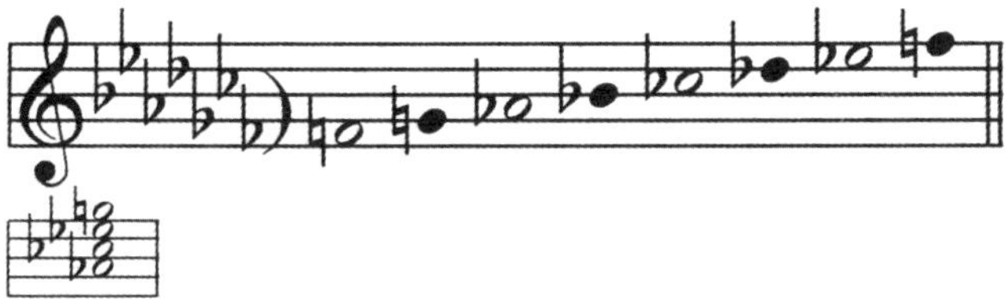

F♯ (G♭) *(VI de Am)*

G *(VI de B♭m)*

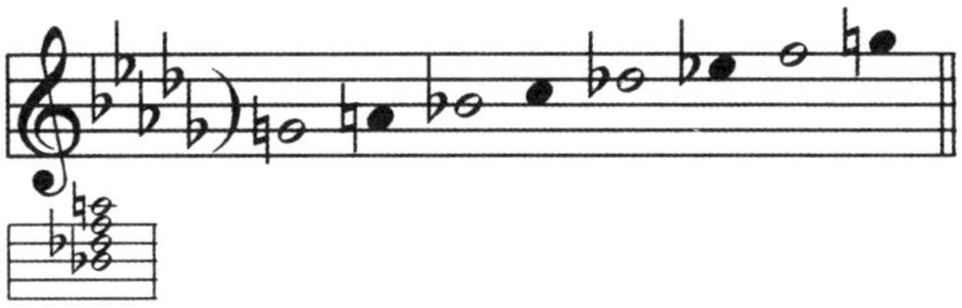

G♯ (A♭) *(VI de Bm)*

A *(VI de Cm)*

A♯ (B♭) *(VI de C♯m)*

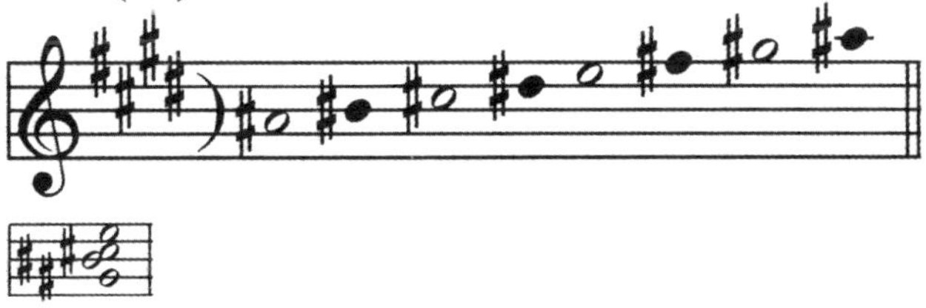

B *(VI de Dm)*

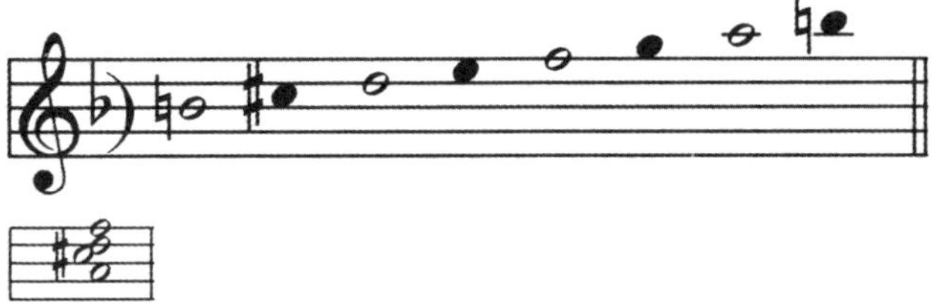

Escala Super Lócria

Origem
VII grau (meio diminuto) da escala Menor Melódica.

Formação
Cinco tons e dois semitons - st t st t t t t. Exemplo em C (VII grau de C♯ menor).

Aplicação
A escala Super Lócria (modo Superlócrio ou Alterado) é usada nos acordes da categoria dominante que possuem a 5ª e a 9ª alteradas (♯ e ♭) de diversas formas. Como ♭5 é enarmônica de ♯11, também entram nesta lista os acordes com ♯11 (décima primeira aumentada).

$$(alt),\ 7\binom{\sharp 5}{\sharp 9},\ 7\binom{\flat 5}{\flat 9},\ 7\binom{\flat 9}{\sharp 11},\ 7\binom{\sharp 5}{\flat 9},\ 7\binom{\flat 5}{\sharp 9},\ 7\binom{\sharp 9}{\sharp 11},\ 7\binom{\flat 9}{\flat 13}$$

Análises Alternativas
▶ Escala Lócria com a quarta nota abaixada de um semitom.
▶ Escala Menor Melódica da tonalidade encontrada um semitom acima, partindo da sétima nota (ou da nota um semitom abaixo). Veja observações a seguir.

Observações
▶ É também denominada Alterada, como reflexo do que ocorre em seus graus, que são elevados ou abaixados de um semitom (em relação à escala dominante básica - Mixolídia), em todas as variações possíveis: a 9ª é elevada e abaixada, a 11ª é elevada e a 13ª abaixada. Alguns chamam-na, ainda, de escala Diminuta-Tom Inteiro, pois começa com características de diminuta e termina com tons inteiros.
▶ A escala parece ter a 3ª menor seguida da maior mas, na verdade, a primeira terça é a 9ª aumentada.
▶ Muitos solistas pensam na escala Menor Melódica para executar a alterada 7(♯5 ♯9) - escala dominante (V), de extrema importância no jazz. Quando analisada pelos sons ao invés de notas, conclui-se que as duas são iguais, começando apenas com um semitom de diferença. Por exemplo: a Menor Melódica de C é formada pelas notas dó, ré, mi♭, fá, sol, lá, si. Estes sons também estão presentes na escala Super Lócria de B (do acorde de B alterado). Logo, quando encontra-se uma cifra B(alt), pensa-se na escala Menor Melódica de C, partindo da nota um semitom abaixo (si).
▶ Possui, também, os mesmos sons que a Lídia Dominante, partindo da nota localizada 3 tons (trítono) acima ou abaixo. Este princípio é muito importante para improvisação em que ocorre substituição de trítonos de acordes dominantes (ver p. 121).

C *(VII de C#m)*

C# (D♭) *(VII de Dm)*

D *(VII de E♭m)*

D# (E♭) *(VII de Em)*

E *(VII de Fm)*

F *(VII de F#m)*

F# *(VII de Gm)*

G *(VII de A♭m)*

G# (A♭) *(VII de Am)*

A *(VII de B♭m)*

A# (B♭) *(VII de Bm)*

B *(VII de Cm)*

7($^{\#5}_{\#9}$)

Modos da Escala Menor Melódica Seguidos

No caso do modo Menor Melódico, a 6ª e a 7ª são intercambiáveis. No modo Dórico 2ª Menor, sobre o acorde m7, o II grau é a evitar, assim como o IV grau no Super Lócrio, sobre o acorde m7(b5). A título de estudo, execute o sus4(b9) no IIm7 e o alterado no VIIm7(b5), sem notas a evitar.

Tom de E m

Im(M7)	IIm7	bIIIM7(#5)
Em(M7)	F#m7	GM7(#5)

IV7	V7	VIm7(b5)	VIIm7(b5)
A7	B7	C#m7(b5)	D#m7(b5)

Tom de F m

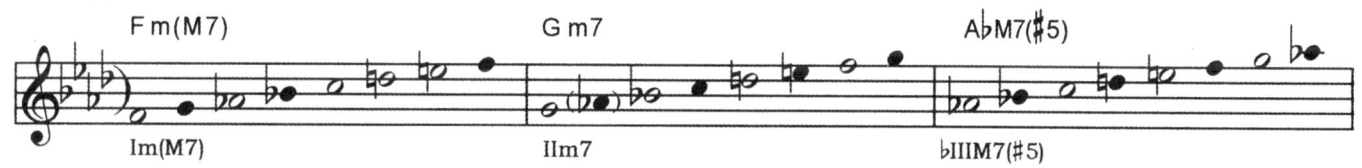

Im(M7)	IIm7	bIIIM7(#5)
Fm(M7)	Gm7	AbM7(#5)

IV7	V7	VIm7(b5)	VIIm7(b5)
Bb7	C7	Dm7(b5)	Em7(b5)

Tom de F# m

Im(M7)	IIm7	bIIIM7(#5)
F#m(M7)	G#m7	AM7(#5)

IV7	V7	VIm7(b5)	VIIm7(b5)
B7	C#7	D#m7(b5)	Fm7(b5)

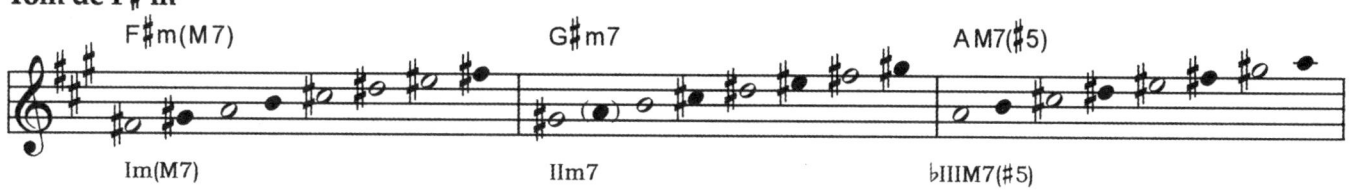

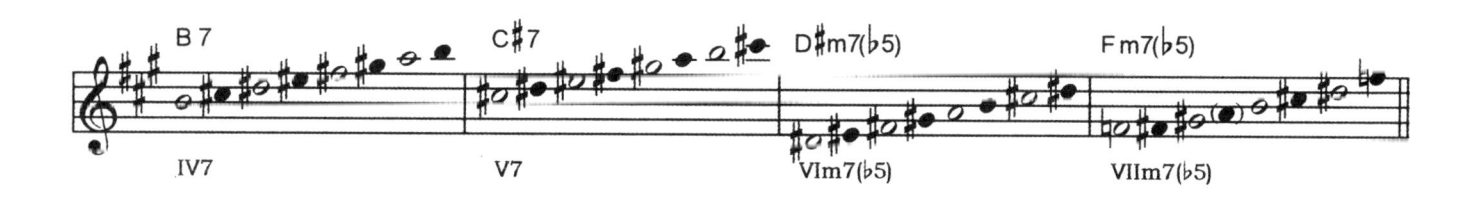

Tom de G m

Im(M7)	IIm7	bIIIM7(#5)
Gm(M7)	Am7	BbM7(#5)

IV7	V7	VIm7(b5)	VIIm7(b5)
C7	D7	Em7(b5)	F#m7(b5)

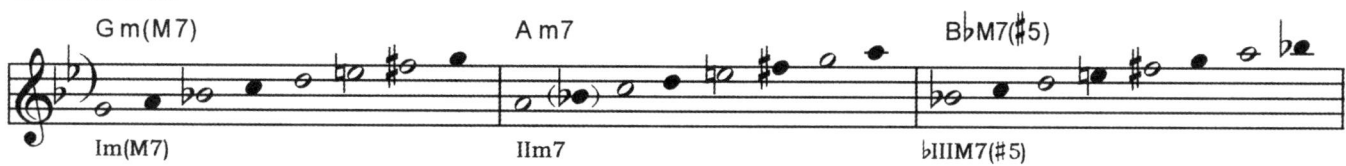

Tom de A♭m

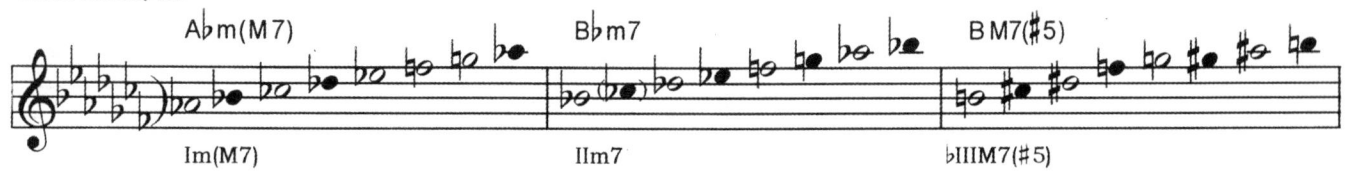

| A♭m(M7) | B♭m7 | BM7(#5) |
| Im(M7) | IIm7 | ♭IIIM7(#5) |

| D♭7 | E♭7 | Fm7(♭5) | Gm7(♭5) |
| IV7 | V7 | VIm7(♭5) | VIIm7(♭5) |

Tom de A m

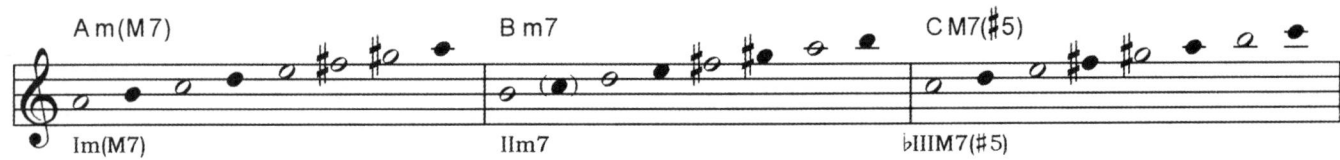

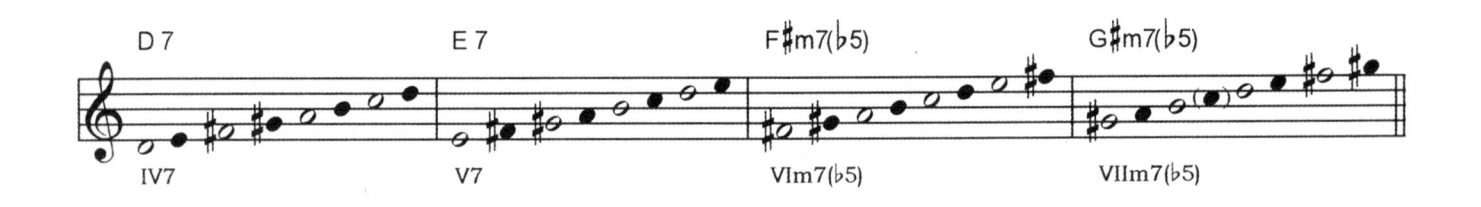

| Am(M7) | Bm7 | CM7(#5) |
| Im(M7) | IIm7 | ♭IIIM7(#5) |

| D7 | E7 | F#m7(♭5) | G#m7(♭5) |
| IV7 | V7 | VIm7(♭5) | VIIm7(♭5) |

Tom de B♭m

| B♭m(M7) | Cm7 | D♭M7(#5) |
| Im(M7) | IIm7 | ♭IIIM7(#5) |

| E♭7 | F7 | Gm7(♭5) | Am7(♭5) |
| IV7 | V7 | VIm7(♭5) | VIIm7(♭5) |

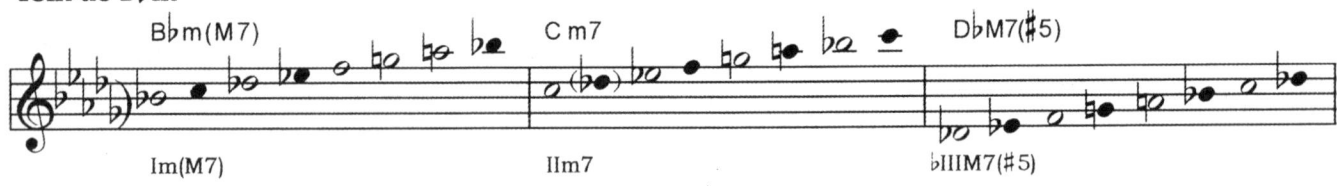

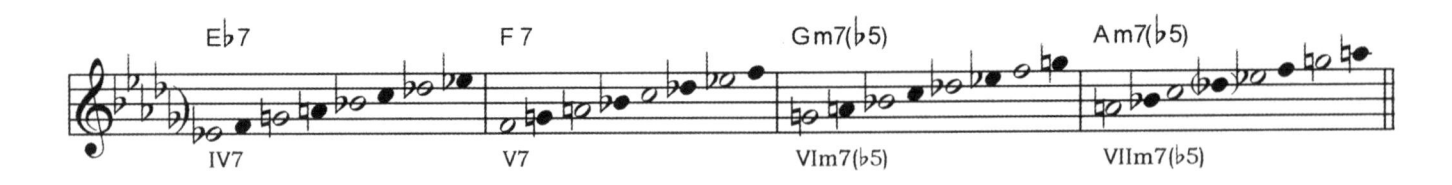

Tom de B m

| Bm(M7) | C#m7 | DM7(#5) |
| Im(M7) | IIm7 | ♭IIIM7(#5) |

| E7 | F#7 | G#m7(♭5) | A#m7(♭5) |
| IV7 | V7 | VIm7(♭5) | VIIm7(♭5) |

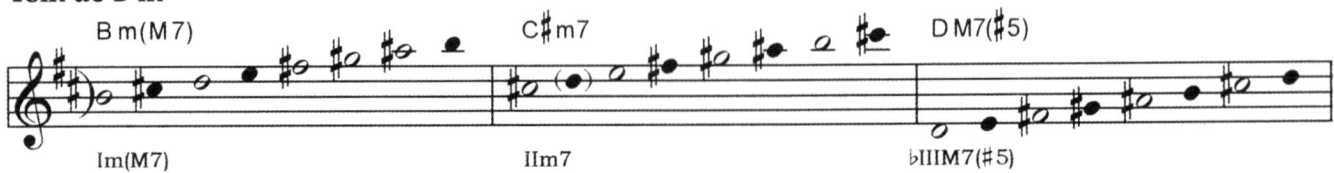

PARTE 4

ESCALAS PENTATÔNICAS
ESCALA DE BLUES

ESCALAS PENTATÔNICAS E ESCALA DE BLUES

Como o nome já indica, as escalas Pentatônicas possuem somente cinco notas, sendo a sexta apenas dobramento da tônica. Já a de Blues possui seis notas, sendo a sétima dobramento da tônica. Esta mereceria um capítulo à parte, considerando sua importância, mas como é muito semelhante à Pentatônica Menor, foi incluída nesta seção.

Cada escala Pentatônica pode ser executada no estado fundamental e em quatro inversões, iniciando em cada uma de suas notas. Como é uma escala cíclica, o estado de partida (fundamental) é também comumente considerado como sendo a primeira inversão. Logo, esta escala é tratada como se possuísse cinco inversões. No item formação, não são descritos seus intervalos, pois variam de acordo com a inversão.

Estas são escalas fáceis de se construir em qualquer instrumento pois têm poucas notas. São também de grande efeito em improvisações e proporcionam um dimensionamento especial, tendo em vista as sonoridades mais espaçadas (intervalos mais amplos).

Alguns solistas pensam em pentatônicas somente a partir da Pentatônica Menor, mudando apenas sua aplicação sobre os diversos acordes, mas, neste livro, são analisadas caso a caso, possibilitando uma noção detalhada de suas sonoridades. Aqui, a Pentatônica Menor é analisada como derivada da quinta inversão da maior.

É apresentada, também, uma pentatônica incomum, que vem sendo amplamente utilizada no jazz e na música progressiva: Alterada. Esta tem origem em tonalidade diferente da nota em que inicia. Por uma questão de organização, a pauta de formação da escala (nas páginas pares) mostra a análise de graus em relação à escala de origem. A partir do momento que esta pentatônica esteja assimilada, é mais fácil pensar em suas notas como sendo I, II, III, IV e V graus, ao invés de graus relacionados à escala geradora.

As pentatônicas devem ser estudadas e memorizadas pois podem ser aplicadas sobre diversos acordes, em diversos estilos musicais (jazz, rock, MPB, blues, etc.). Por serem mais fáceis de decorar e executar, muitas vezes servem como um momento de relaxamento e de busca de novas idéias, funcionando como uma ponte entre blocos de escalas mais difíceis. Por outro lado, é desaconselhável sua execução seguida, durante muitos compassos, pois já foram muito exploradas, principalmente por solistas de rock.

Várias experiências devem ser feitas com as pentatônicas sobre acordes variados. Há sempre uma nova forma de aplicar estas escalas em suas cinco inversões. Por exemplo: a pentatônica maior de D (ré, mi, fá#, lá, si) pode perfeitamente ser tocada sobre o acorde de CM7. Neste caso, soará como uma escala Lídia (que possui a nota fá#) de C, com algumas notas suprimidas.

Pentatônica Maior

Pentatônica Menor

Pentatônica Alterada

Escala de Blues

Escala Pentatônica Maior

Formação

Três tons e dois intervalos de 3ª menor, exemplo em C. Os graus e tensões mostrados são da primeira inversão (estado fundamental) e estão relacionados à escala de origem (Jônica).

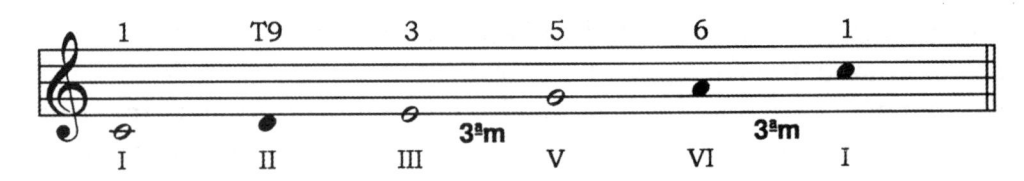

Aplicação

A escala Pentatônica Maior pode ser executada em cinco inversões e em diversos acordes das categorias maior, menor e dominante, como a seguir:

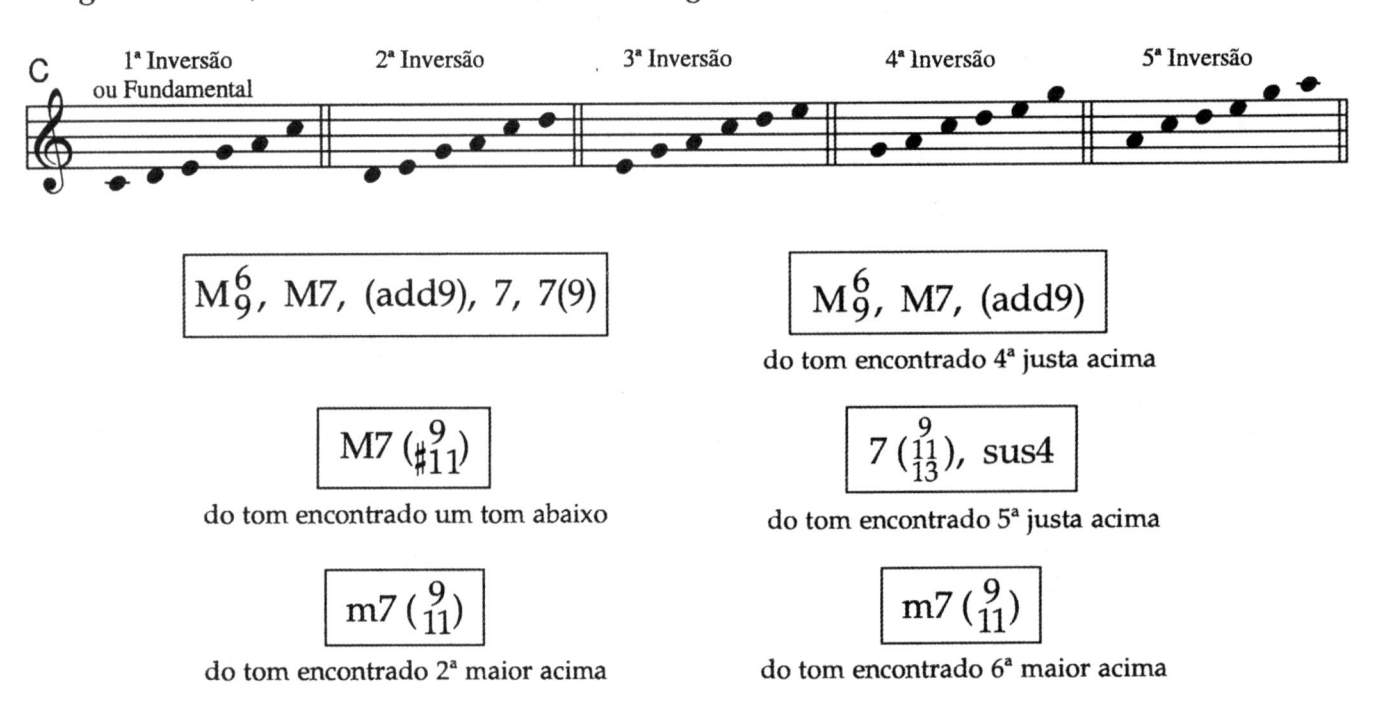

M_9^6, M7, (add9), 7, 7(9)		M_9^6, M7, (add9)
		do tom encontrado 4ª justa acima
M7 ($_{\#11}^{9}$)		7 ($_{13}^{9}_{11}$), sus4
do tom encontrado um tom abaixo		do tom encontrado 5ª justa acima
m7 ($_{11}^{9}$)		m7 ($_{11}^{9}$)
do tom encontrado 2ª maior acima		do tom encontrado 6ª maior acima

Análise Alternativa

▶ Analisando a partir da raiz da primeira inversão, pode ser vista como a escala Maior (Jônica) sem o IV e o VII graus.

Observações

▶ A primeira inversão é construída com tom, tom, 3ª menor, tom e 3ª menor.
▶ Se, por exemplo, a Pentatônica de C (dó, ré, mi, sol, lá) for executada em todos os acordes listados, certamente suas notas assumirão diferentes graus, nas diversas situações.
▶ Também chamada de Chinesa ou Mongolesa, é muito usada no rock e deve ser intercalada com outras, para não cansar o ouvinte.
▶ As escalas pentatônicas geradas pelo I, IV e V graus da escala Maior são perfeitamente executáveis em uma progressão II-V-I. Apenas no V grau há uma nota de passagem, que deve ser evitada ou, de preferência, pode-se executar a escala pentatônica começando no tom do V grau.

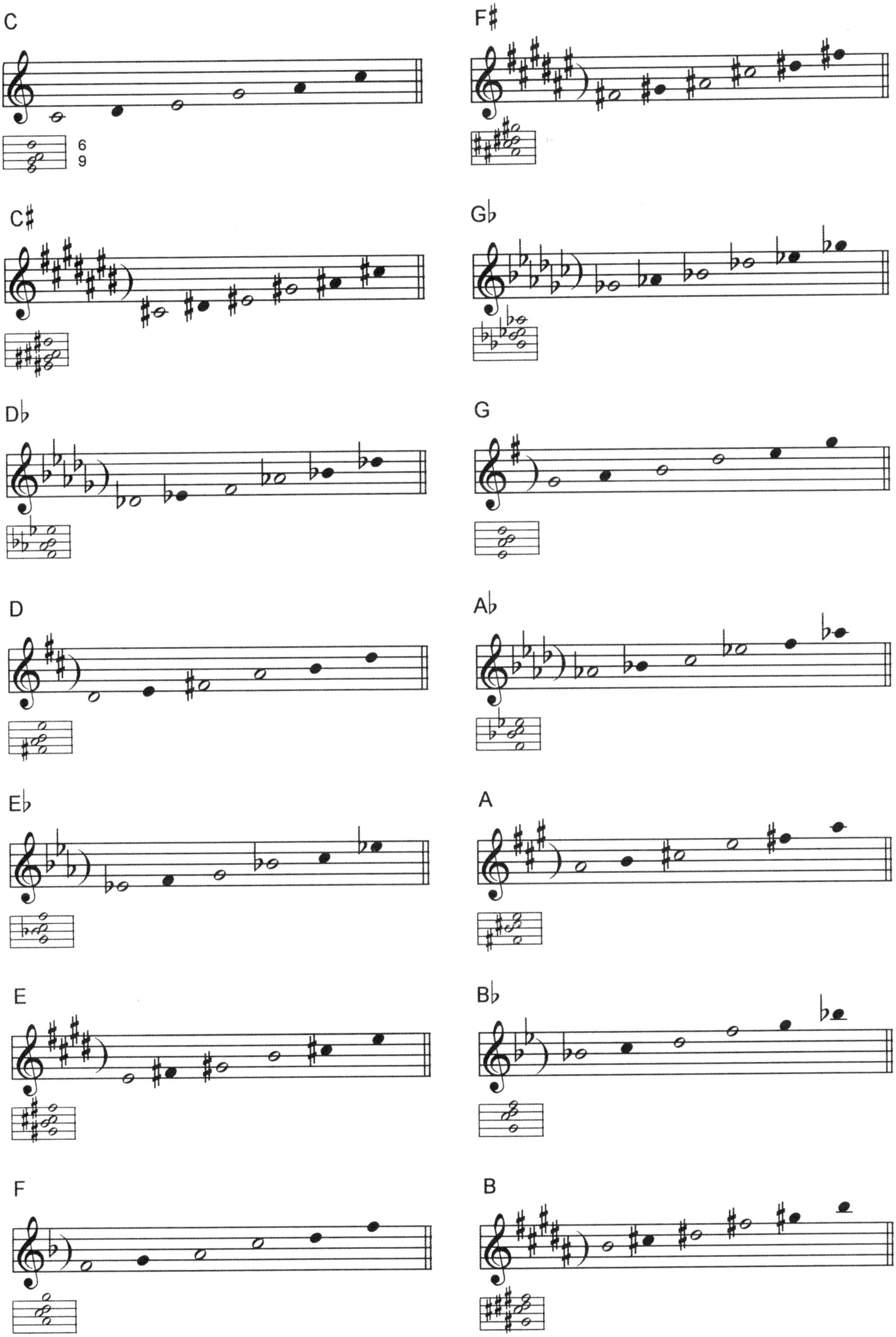
C
6
9
F♯
C♯
G♭
D♭
G
D
A♭
E♭
A
E
B♭
F
B

Escala Pentatônica Menor

Formação

Três tons e dois intervalos de 3ª menor, exemplo em C. Os graus e tensões mostrados são da primeira inversão e estão relacionados à escala Menor Natural (modo Eólio).

Aplicação

A escala Pentatônica Menor pode ser executada em cinco inversões e em diversos acordes das categorias menor, maior e dominante, como a seguir:

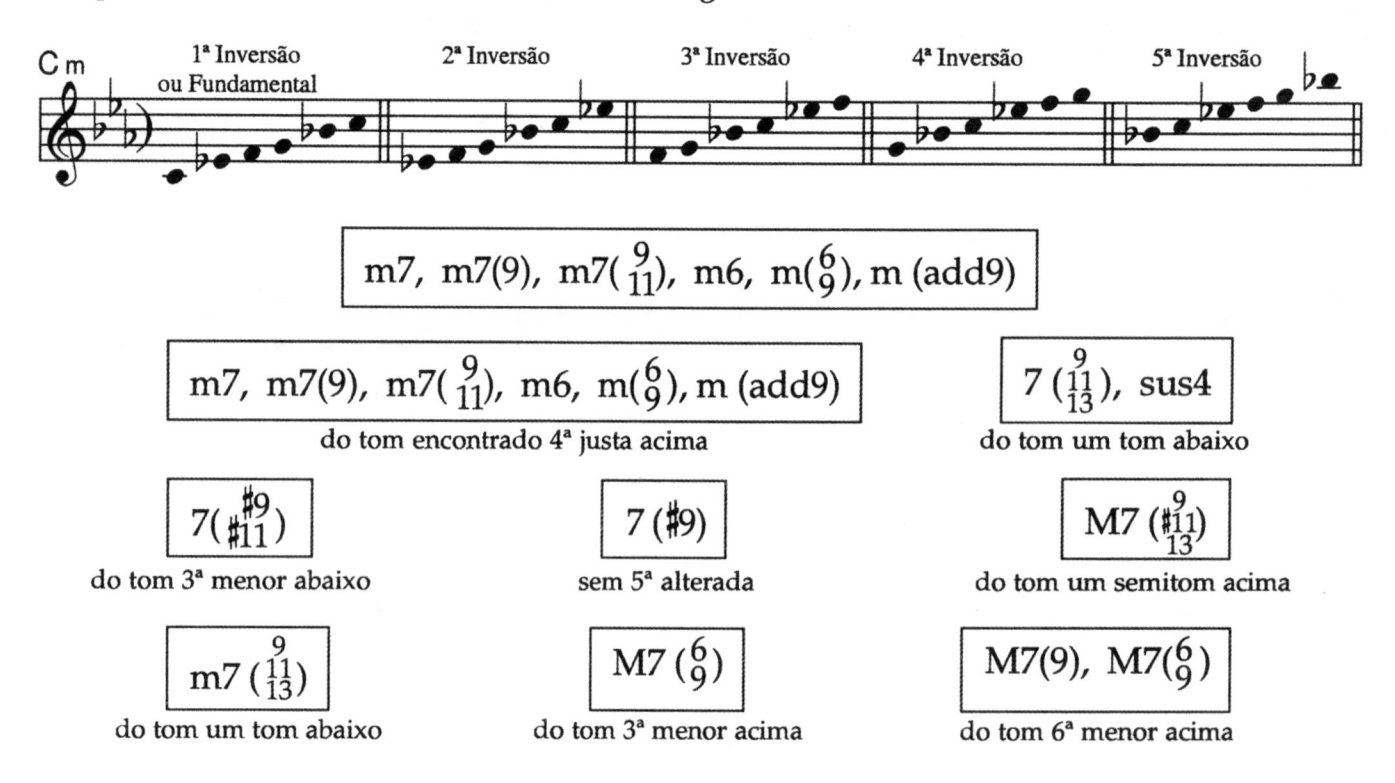

m7, m7(9), m7($^9_{11}$), m6, m($^6_9$), m (add9)

m7, m7(9), m7($^9_{11}$), m6, m($^6_9$), m (add9)	7 ($^{\ 9}_{11}_{13}$), sus4
do tom encontrado 4ª justa acima	do tom um tom abaixo

7($^{\#9}_{\#11}$)	7 (#9)	M7 (#$^{\ 9}_{11}_{13}$)
do tom 3ª menor abaixo	sem 5ª alterada	do tom um semitom acima

m7 ($^{\ 9}_{11}_{13}$)	M7 ($^6_9$)	M7(9), M7($^6_9$)
do tom um tom abaixo	do tom 3ª menor acima	do tom 6ª menor acima

Análises Alternativas

▶ Analisando a partir da raiz da primeira inversão, pode ser vista como a escala Menor Natural ou Dórica sem a segunda e sexta notas.
▶ Pentatônica Maior na 5ª inversão.

Observações

▶ Na primeira inversão, é construída com 3ª menor, tom, tom, 3ª menor e tom, e possui características da escala japonesa Yõ-Sen. Já na terceira inversão (fá, sol, si♭, dó, mi♭), é semelhante à escala Egípcia.
▶ Muitos músicos preferem pensar nesta escala como a originada na 5ª inversão da Pentatônica Maior.
▶ Se, por exemplo, a Pentatônica Menor de C (dó, mi♭, fá, sol, si♭) for executada em todos os acordes listados, certamente suas notas assumirão diferentes graus nas diversas situações.

C

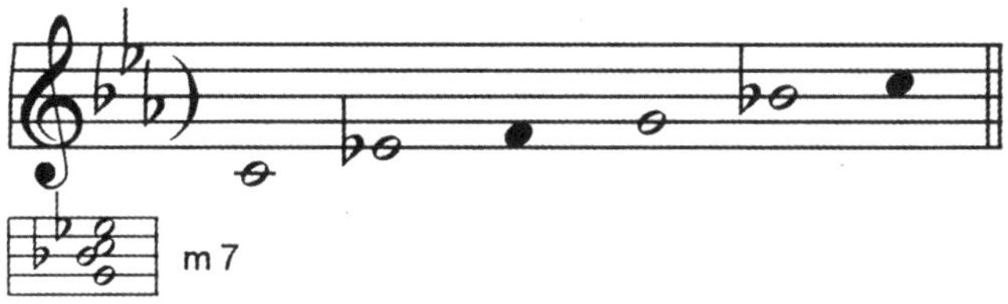

C♯

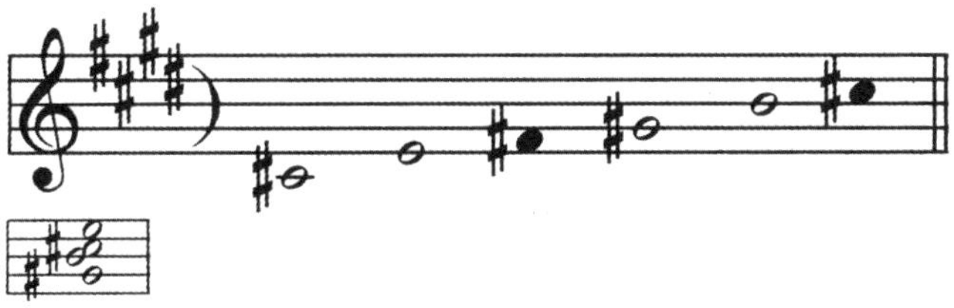

D

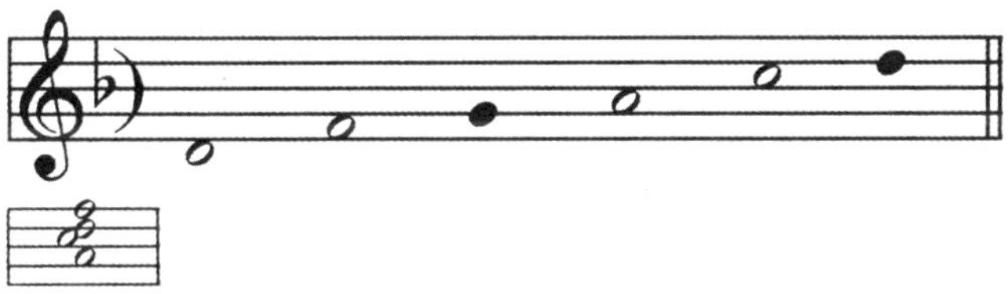

E♭

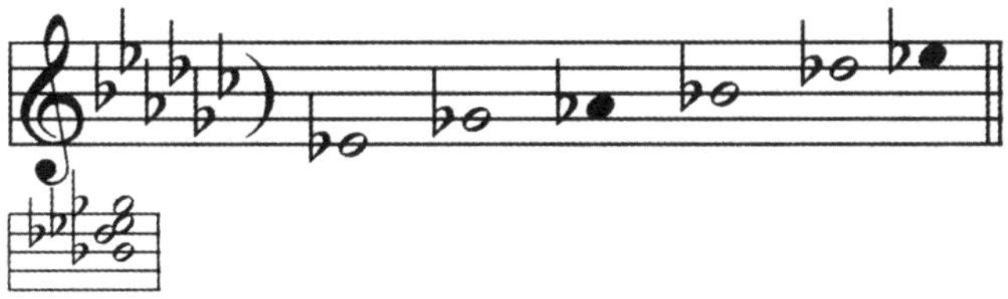

E

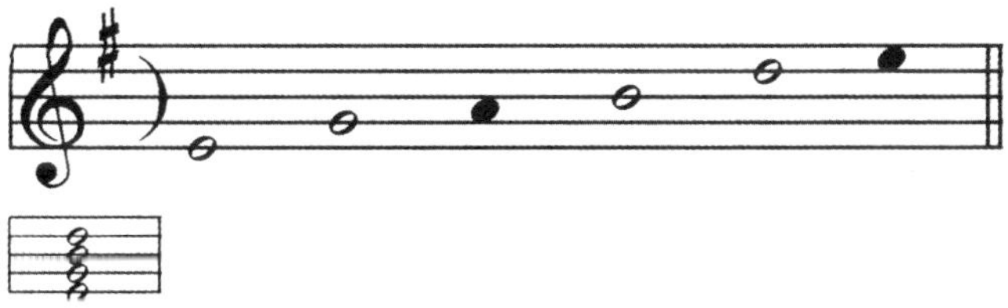

F

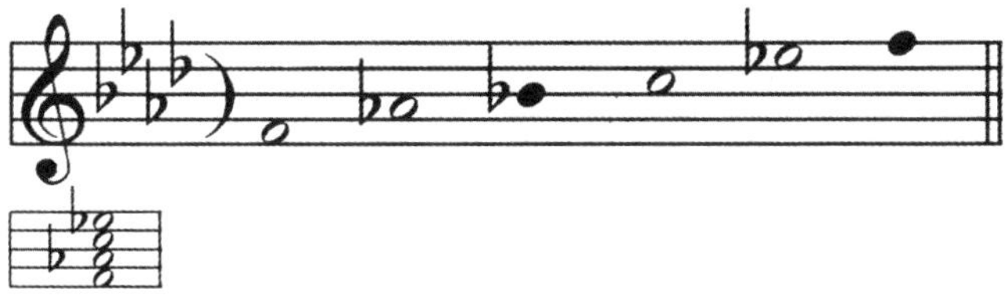

F♯

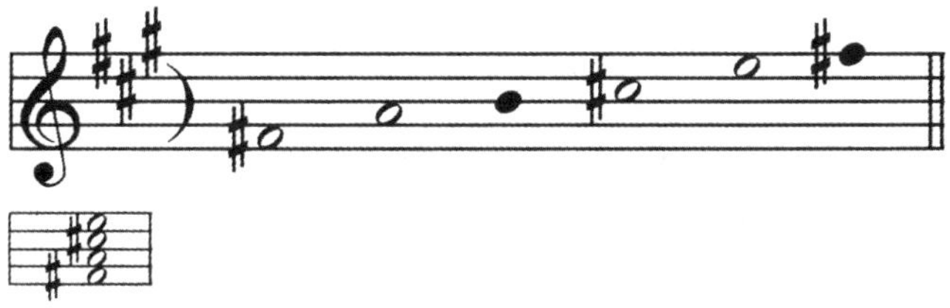

G

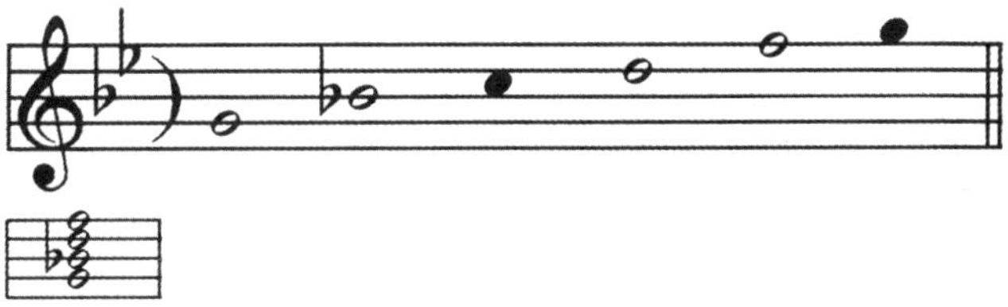

G♯

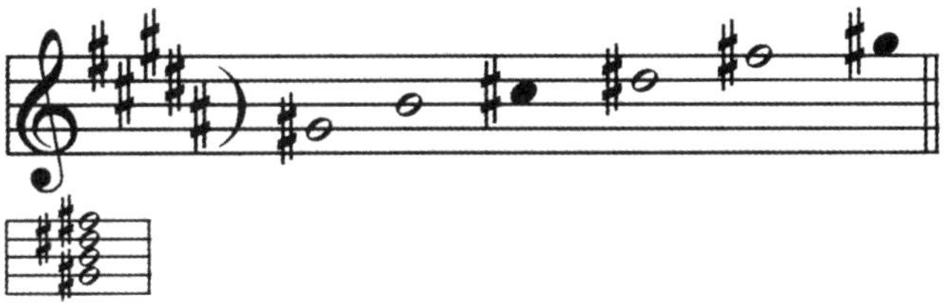

A♭

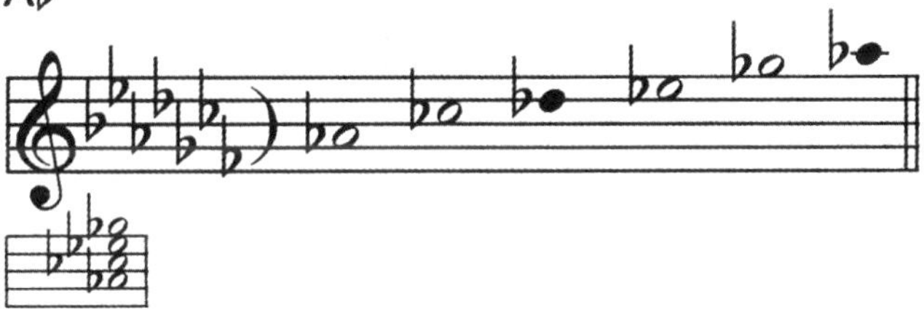

A

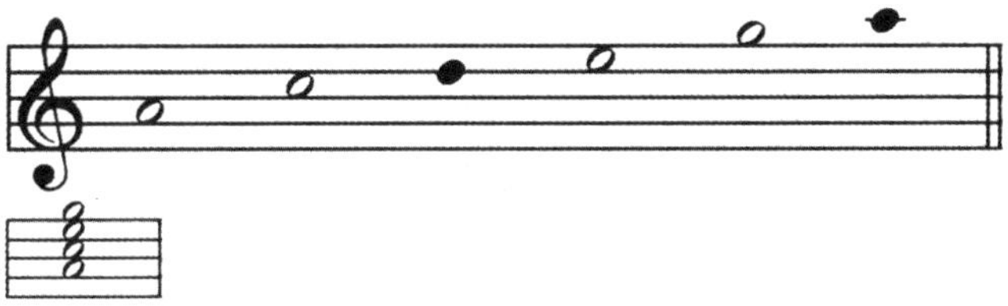

A♯

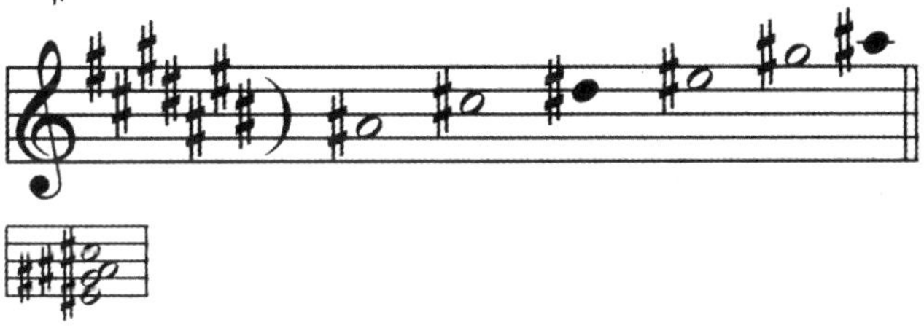

B♭

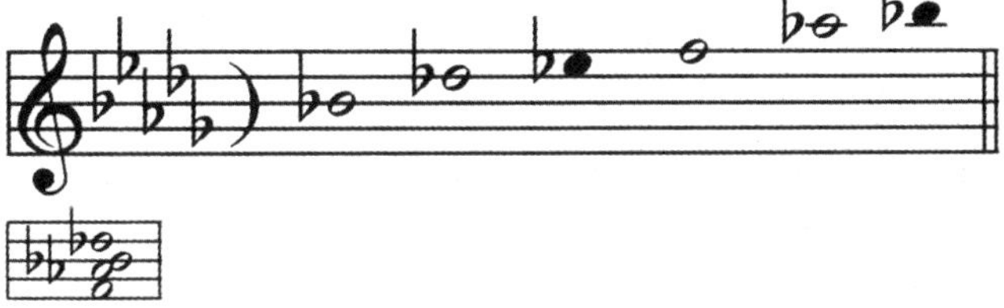

B

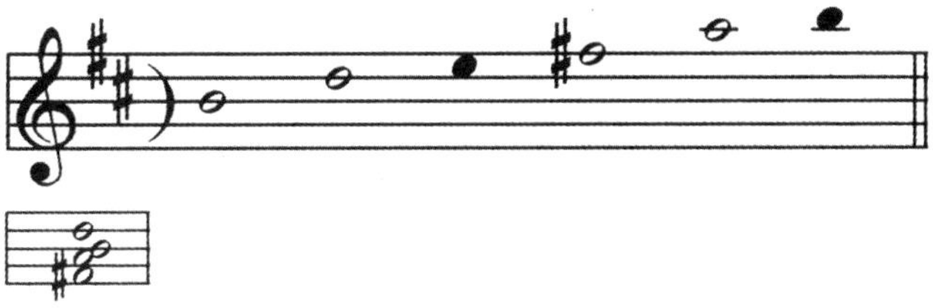

Escala Pentatônica Alterada

Formação

Um semitom, uma 3ª maior, uma 3ª menor e dois tons, exemplo em C. As tensões mostradas são da primeira inversão e estão relacionadas com a escala Menor Melódica da tonalidade um tom abaixo. A primeira e última notas passam a ser a desta escala (ao invés da tonalidade de origem - um tom abaixo).

Aplicação

A escala Pentatônica Alterada pode ser executada em cinco inversões, sobre acordes menores com 7ª maior, e alterados, como a seguir:

m(M7), m($^{M7}_{9}$), m$^{6}_{9}$

sobre estes acordes, pensar na escala um tom acima. Exemplo: Dm(M7), tocar a Escala Pentatônica Alterada de E (mi, fá, lá, si, dó#)

7($^{\#5}_{\#9}$), (alt)

sobre estes acordes, pensar na escala uma 3ª menor acima. Exemplo: C#7(#5 #9), tocar a Escala Pentatônica Alterada de E (mi, fá, lá, si, dó#)

Análise Alternativa

▶ Escala Menor Melódica sem a primeira e a quarta notas.

Observações

▶ A primeira inversão é construída com semitom, 3ª maior, tom, tom e 3ª menor.
▶ É derivada do I grau da escala Menor Melódica, sem a primeira nota, iniciando na segunda e suprimindo a quarta. Note, no exemplo abaixo (Pentatônica Alterada no tom de C), que a armadura de clave corresponde à tonalidade que gera a escala (B♭ Menor Melódica, que possui cinco bemóis na armadura). A nova escala formada passa a ter características próprias, recebendo cifragem da nota onde começa: dó.

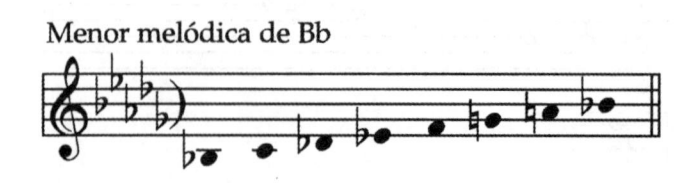

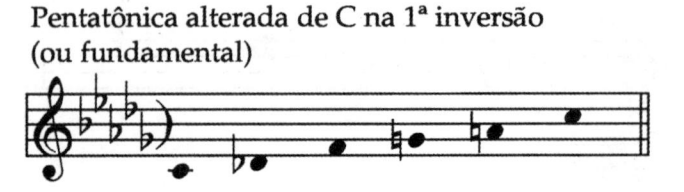

Menor melódica de Bb

Pentatônica alterada de C na 1ª inversão (ou fundamental)

Bbm (M 7)
Acordes um tom abaixo do início da escala

Escala de Blues

Formação

Dois tons, dois semitons, duas 3ªˢ menores (3ªm, t, st, st, 3ªm, t), exemplo em C. As tensões estão relacionadas com a escala Menor Natural (ou modo Eólio).

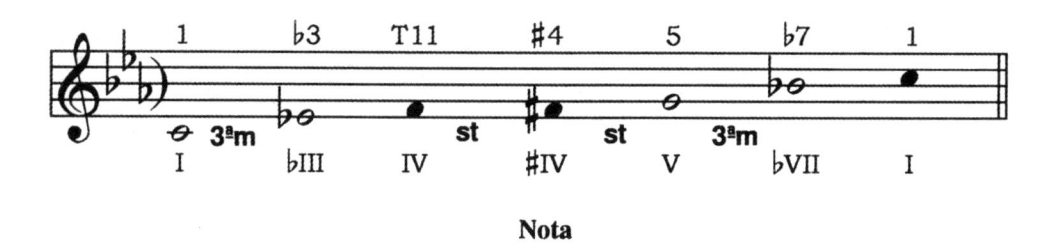

Aplicação

A escala de Blues é usada nos acordes das categorias menor e dominante.

m7, m7(9), m6

7, 7(9), 7(#9), 7(#9/#11)

Análises Alternativas

▶ Escala Pentatônica Menor com a inserção de um semitom cromático ascendente, após a terceira nota (IV grau).
▶ Menor Natural sem a segunda e a sexta notas, com acréscimo de um semitom cromático ascendente, após a quarta nota.

Observações

▶ A sonoridade característica do blues é alcançada, sobretudo, quando a escala é executada sobre acordes dominantes. A terceira nota é a 4ª justa do acorde e, por ser dissonante, precisa atingir a 5ª justa ou retornar à tônica. A passagem ou repetição da quarta nota, ou "blue note" (que corresponde à 5ª diminuta do acorde de 7ª), é extremamente importante; e a nota mais relevante da escala, para que a sonoridade seja "bluseada", é a segunda (3ª menor em relação à tônica), que cria um intervalo de 9ª aumentada no acorde, ou seja, uma indefinição do modo (maior ou menor).
▶ Em uma progressão simples de blues, em doze compassos (F7, B♭7, F7, F7, B♭7, B♭7, F7, F7, C7, C7, F7, C7), pode-se executar exclusivamente a escala de Blues em F, como um recurso para a percepção das sonoridade deste gênero musical (ver improvisos em blues, p. 131).
▶ Nos acordes menores com 7ª, a quarta nota da escala (5ª diminuta ou 4ª aumentada) é dissonante e pede resolução na 5ª ou 4ª justas. Quando usada em acordes menores, esta escala pode ser alternada ou combinada com a Dórica (no mesmo tom).
▶ Outras notas podem ainda ser acrescentadas, criando mais opções de sonoridade. Com a inserção da 3ª maior, pode ser analisada como função dominante e, neste caso, as notas do acorde e tensões recebem outras atribuições (relativas à escala dominante).

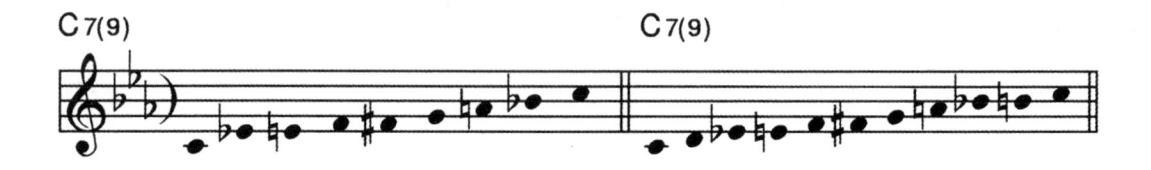

C

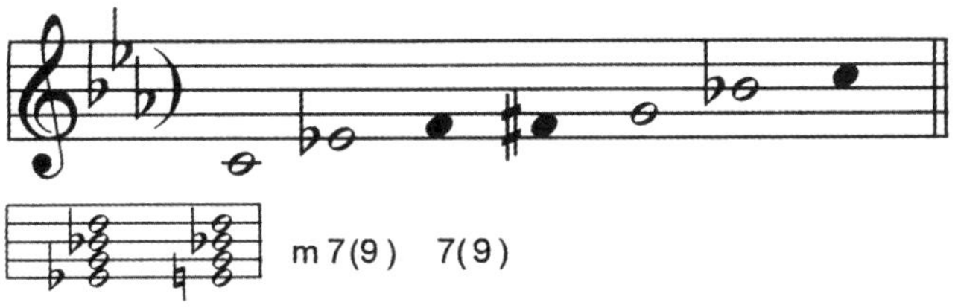

C♯

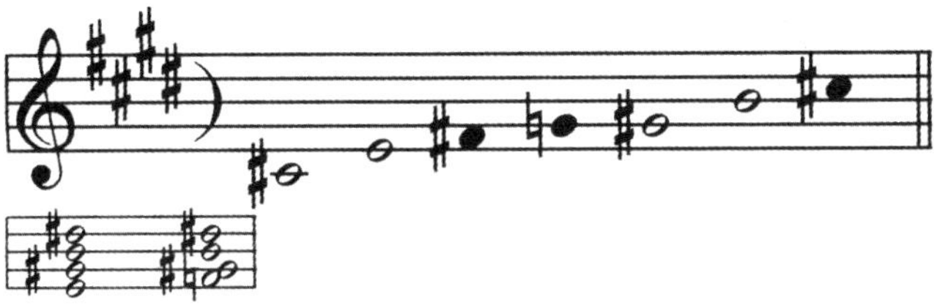

D

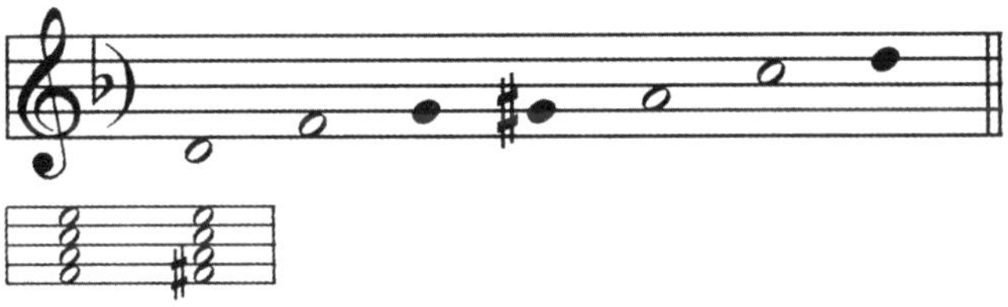

E♭

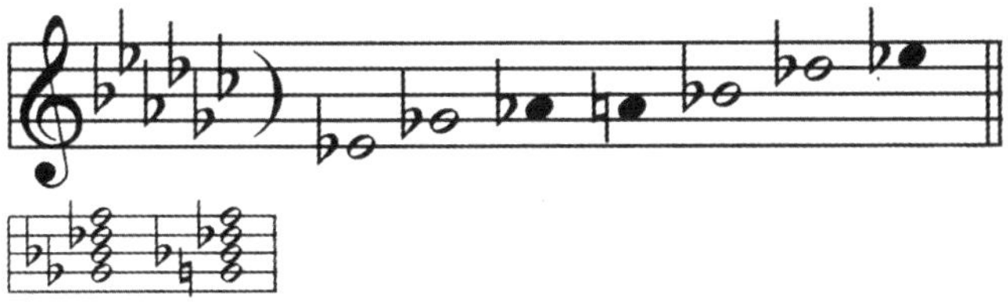

E

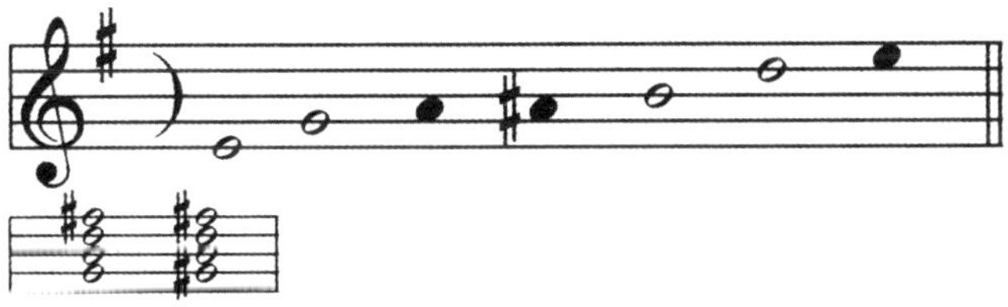

F

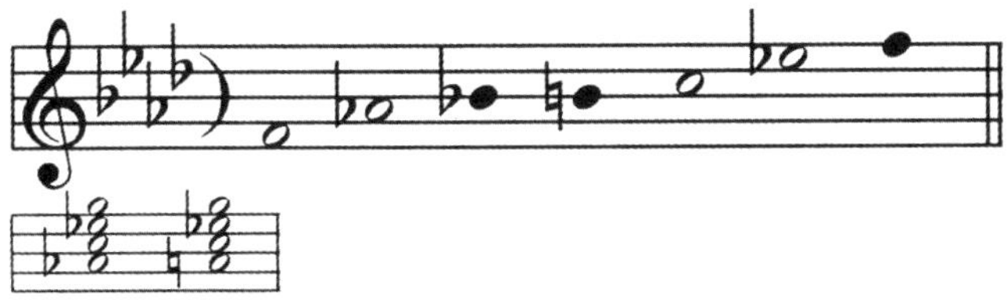

F♯

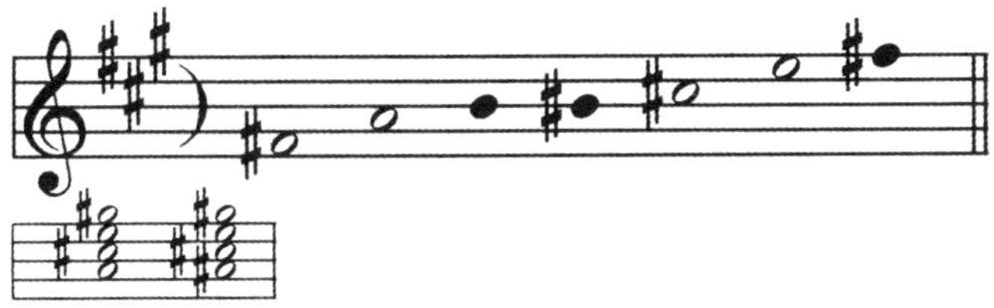

G

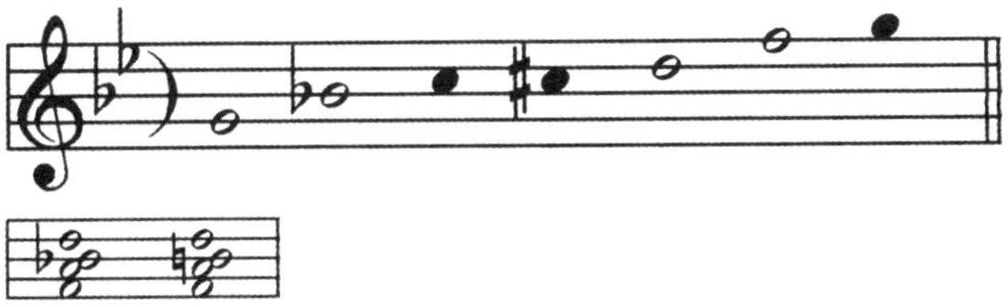

G♯

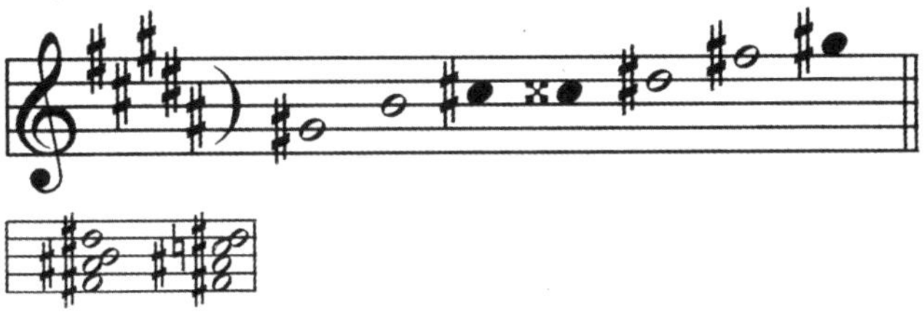

A♭

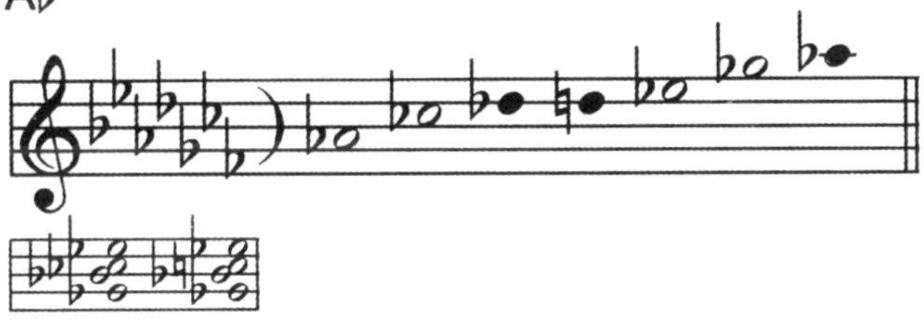

A

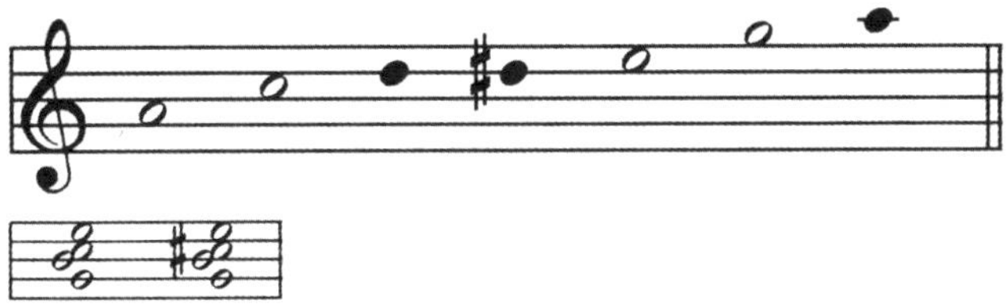

A♯

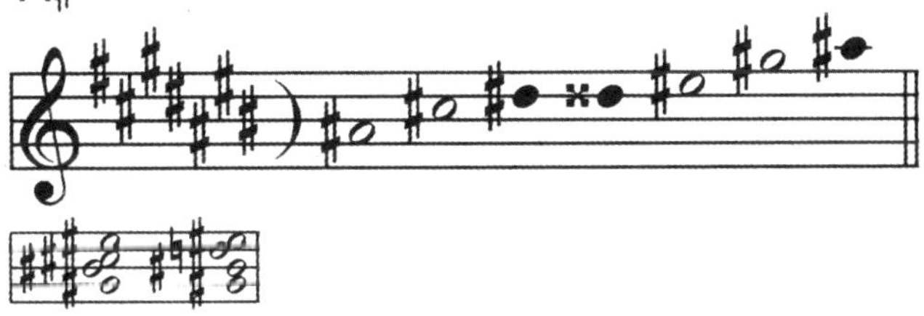

B♭

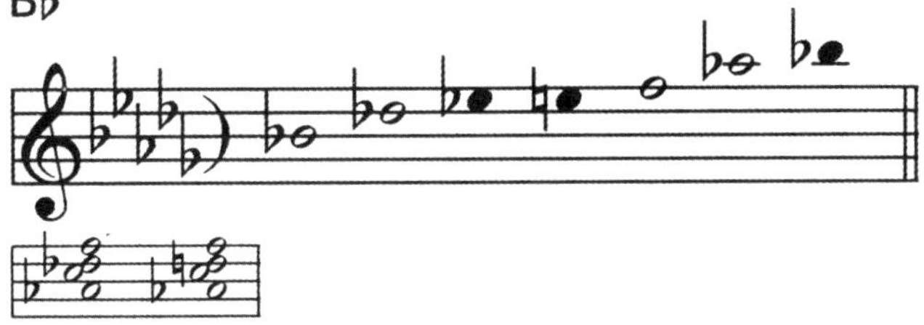

B

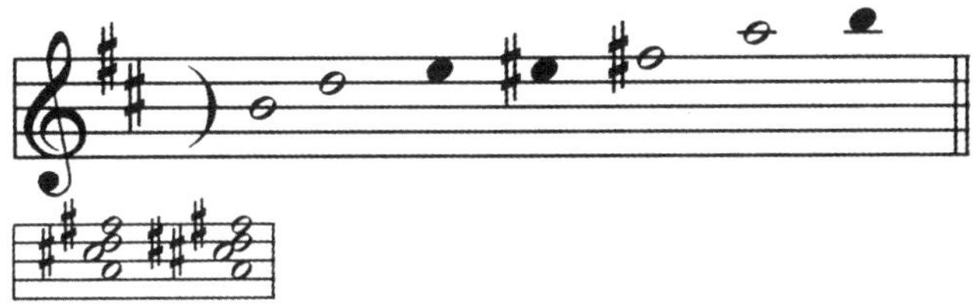

PARTE 5

ESCALAS SIMÉTRICAS

ESCALAS SIMÉTRICAS

São escalas que podem repetir-se em ciclos definidos, em virtude da simetria dos intervalos presentes em suas formações. Embora algumas sejam consideradas difíceis, como as diminutas, são extremamente simples, pois não é necessário decorá-las em todas as tonalidades. Basta estudar as escalas de partida e aplicá-las em diferentes acordes pertencentes ao ciclo, como será detalhado.

Diminutas
Seguem o ciclo das 3as menores e possuem apenas três escalas (acordes) de partida: C, C♯ (ou D♭) e D.

Aumentada
Segue o ciclo das 3as maiores e possui quatro escalas (acordes) de partida: C, C♯ (ou D♭), D e E♭ (ou D♯).

Tons Inteiros
Possui apenas duas escalas (acordes) de partida: C e C♯ (ou D♭).

Cromática
Existe apenas uma escala Cromática, formada unicamente por semitons.

Se houver dúvidas a respeito dos ciclos dessas escalas, recorra ao apêndice do Dicionário de Acordes Para Piano e Teclados, onde o assunto é detalhado pelo enfoque dos acordes.

Por se tratar de escalas que possuem características próprias, suas armaduras de clave não estão indicadas. No entanto, como em todas as escalas deste livro, cada nota é escrita na pauta precedida de seu acidente.

Nas escalas Diminutas, a 5^a e a 7ª são diminutas, o que gera a incidência de muitas alterações dobradas (♭♭ - dobrado bemol). A fim de facilitar a leitura, em alguns casos estas notas estão escritas com as respectivas enarmônicas, como por exemplo na escala Diminuta Tom-Semitom, no tom de C, onde a 7ª diminuta (si♭♭) aparece com sua nota enarmônica (lá).

A organização dessas escalas é estabelecida de acordo com a ordem em que aparecem dentro de seus ciclos, ao invés de seguir a disposição de cada semitom, como ocorre nas outras partes.

Escala Diminuta Tom-Semitom

Formação

Quatro tons e quatro semitons em sequência regular - t st t st t st t st. Exemplo em C.

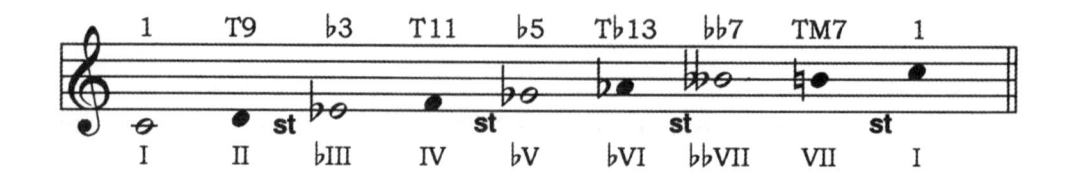

```
    1   T9   b3   T11   b5   Tb13   bb7   TM7   1
    I   II   bIII  IV   bV   bVI    bbVII VII   I
         st       st         st          st
```

Aplicação

A escala Diminuta Tom-Semitom é usada na categoria dos acordes de 7ª diminuta com suas terças superpostas.

> dim, °, °7, °(M7), °(9), °(11), °(b13)

Análise Alternativa

▶ Possui os mesmos sons que a escala Diminuta Semiton-Tom (p. 76), partindo de notas diferentes. As escalas Diminutas Tom-Semitom de C, Eb, Gb e de A, por exemplo, possuem os mesmos sons que a Diminuta Semitom-Tom nos tons de B, D, F e G#. Portanto, a única diferença é a opção por começar na nota raiz de uma ou outra escala.

Observações

▶ Possui oito notas e é também chamada simplesmente de escala Diminuta, por ser a escala que gera o acorde de 7ª diminuta.

▶ Devido à sua configuração simétrica (alternando tons e semitons em sequência), existem, basicamente, apenas três sonoridades de escalas diminutas, começando em C, C# (Db) e D. As notas (sons) que compõem o acorde diminuto de C (dó, mib, solb, lá) são as mesmas que compõem o de Eb (mib, solb, lá, dó), o de Gb (solb, lá, dó e mib) e o de A (lá, dó, mib e solb). Assim, conclui-se que dentro de uma série, os acordes e escalas são permutáveis.

▶ Na formação de uma escala diminuta, estão contidos dois acordes de 7ª diminuta. Por exemplo: a escala diminuta de C possui as notas dó, ré, mib, fá, solb, láb, sibb (igual a lá) e si. O primeiro acorde diminuto é formado pelas notas dó, mib, solb, lá; e o segundo, pelas notas restantes: ré, fá, láb, si.

▶ Acordes diminutos são constantemente executados como substitutos do dominante 7(b9) - que será apresentado a seguir - criando, assim, um movimento cromático no baixo. Por exemplo: em uma progressão CM7   A7(b9)   Dm7, o segundo acorde (dominante) pode ser substituído pelo C#°, pois ambos dividem as mesmas notas, embora tenham diferentes baixos.

C

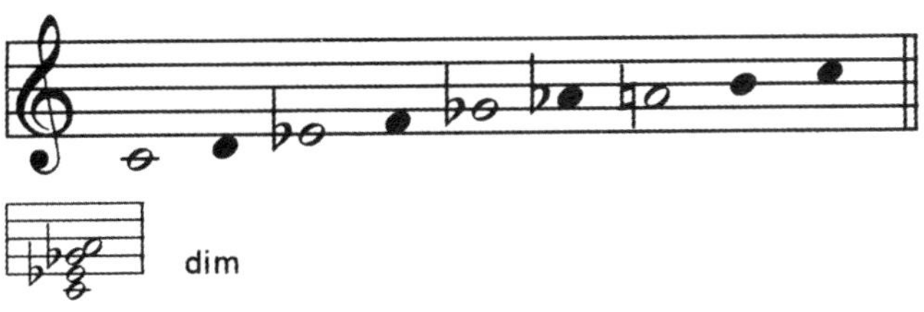

G

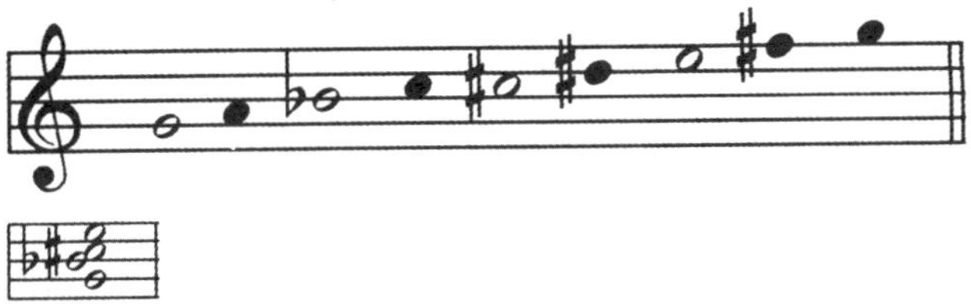

E♭ (D♯)

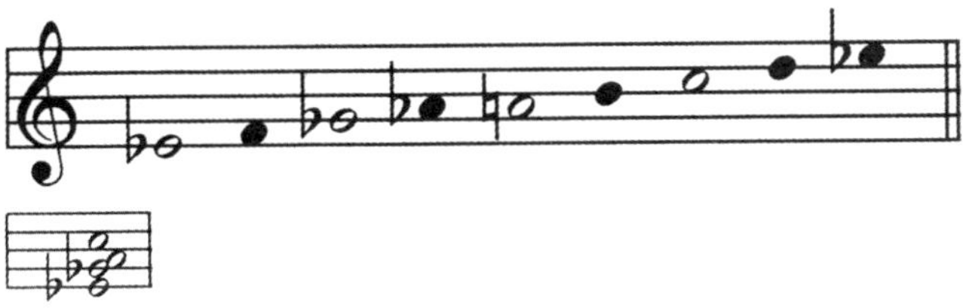

B♭ (A♯)

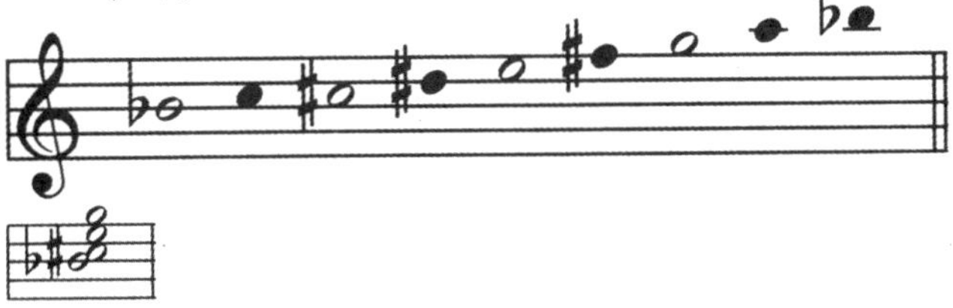

G♭ (F♯)

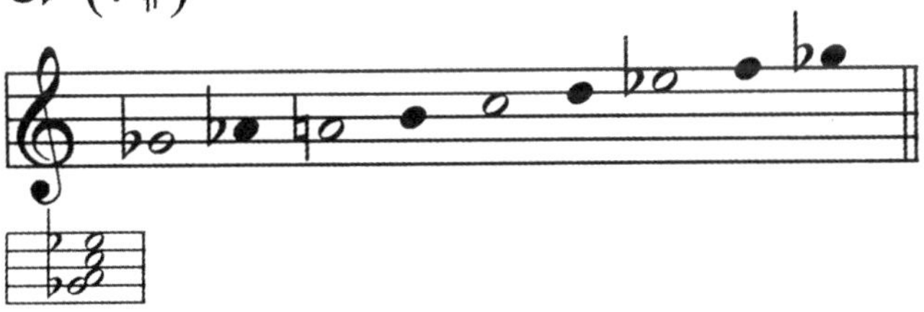

D

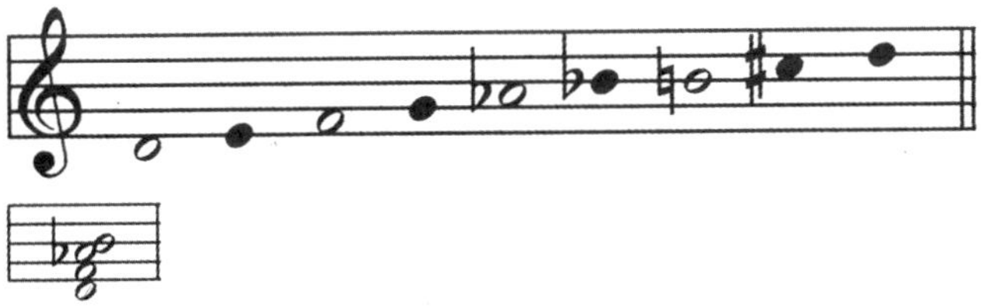

A

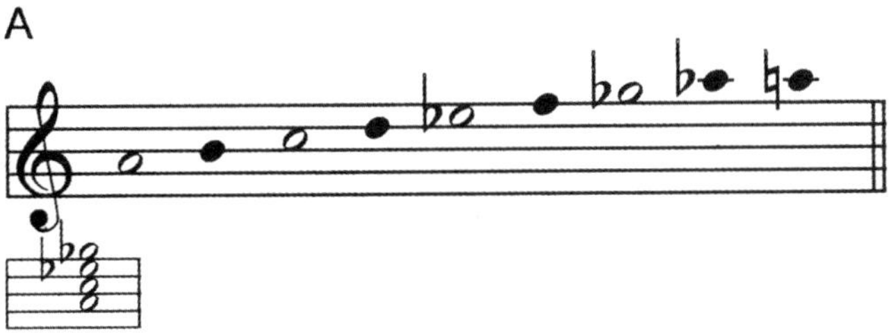

F

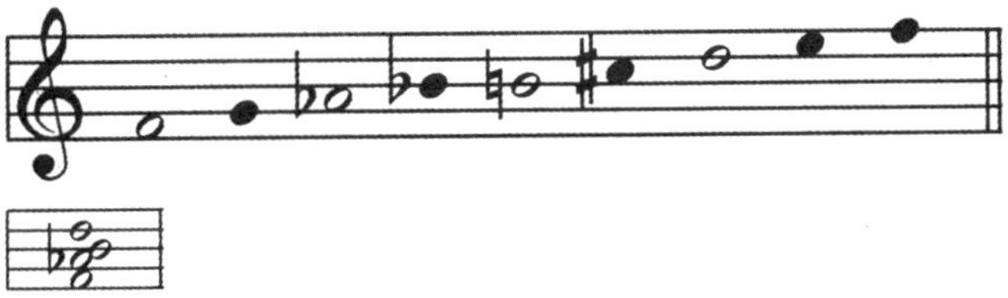

C♯ (D♭)

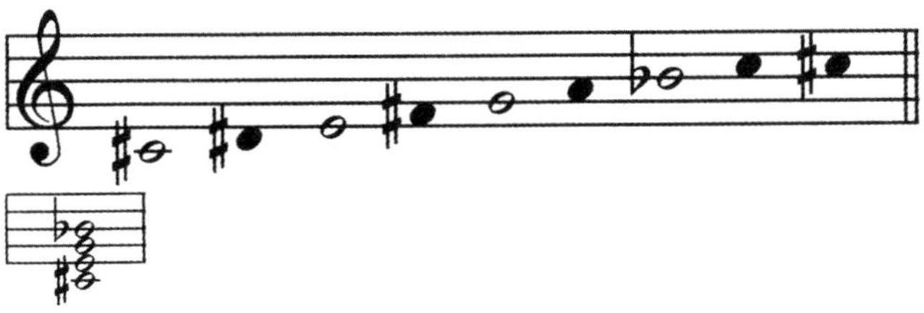

A♭ (G♯)

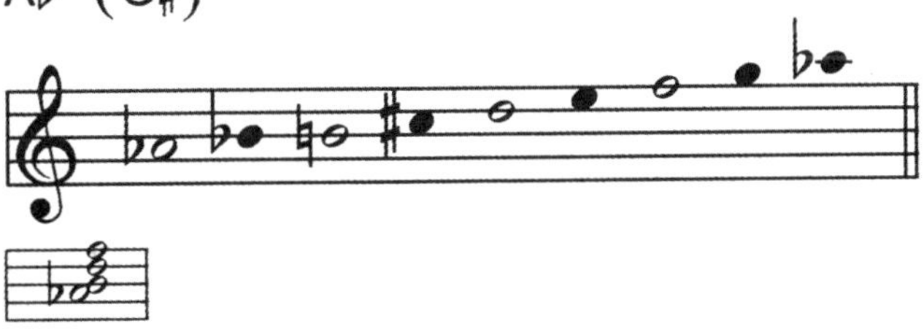

E

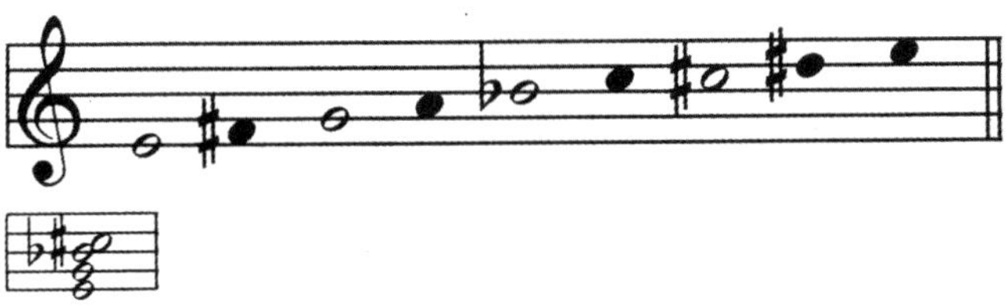

B

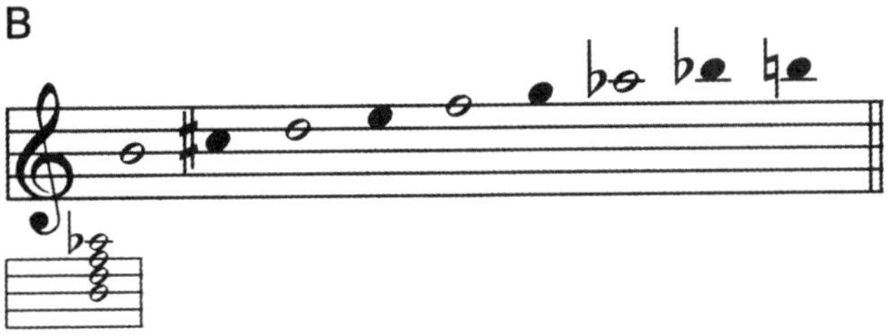

Escala Diminuta Semitom-Tom

Formação

Quatro tons e quatro semitons em sequência regular - st t st t st t st t. Exemplo em C.

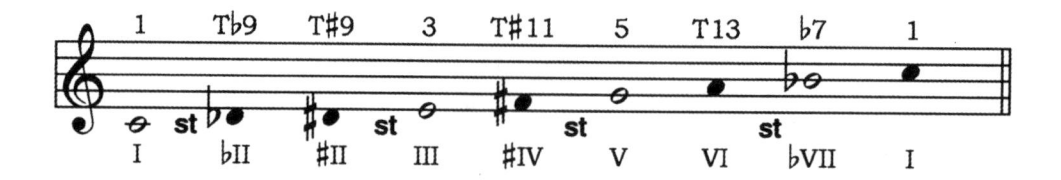

[notação musical: escala de C com graus I, bII, #II, III, #IV, V, VI, bVII, I e marcações Tb9, T#9, 3, T#11, 5, T13, b7, 1]

Aplicação

A escala Diminuta Tom-Semitom é usada na categoria dominante, em acordes que possuam a 9ª elevada ou abaixada de um semitom (ou ambos), podendo ter ainda 11ª aumentada e 13ª.

$$7(b9),\ 7(\#9),\ 7\binom{b9}{13},\ 7\binom{b9}{\#11},\ 7\binom{b9}{\#11}{}_{13}),\ 7\binom{\#9}{\#11}$$

Análises Alternativas

▶ Possui os mesmos sons que a escala Diminuta Tom-Semiton (p. 74), partindo de notas diferentes. A escala Diminuta Semitom-Tom de C, por exemplo, possui os mesmos sons que a Diminuta Tom-Semitom, nos tons de C#, E, G e Bb. É possível executar qualquer uma destas escalas em um acorde 7(b9), sendo que a Diminuta Semitom-Tom, começando na nota raiz, proporciona uma referência precisa da tonalidade.

▶ Escala que tem formação de semitom e tom sucessivos.

Observações

▶ Possui oito notas: tônica, 9ª menor, 9ª aumentada, 3ª maior, 11ª aumentada, 5ª justa, 13ª maior, 7ª menor. Esta formação pode gerar confusão, se analisada pelo ponto de vista da teoria clássica, pois a escala parece ter tanto 3ª menor quanto 3ª maior. Analogamente ao modo Super Lócrio (p. 54), quando uma escala possui esta característica, a 3ª menor, na verdade, é a 9ª aumentada.

▶ Em virtude de sua configuração simétrica (alternando semitons e tons em sequência), existem, basicamente, apenas três sonoridades de escalas Diminutas Semitom-Tom, começando em C, C# (ou Db) e D. As notas que compõem o acorde de C desta escala, sem os I e VI graus (sib, réb, mi, sol), são as mesmas que compõem o de Eb (réb, mi, sol, sib). Assim por diante, com o tom de Gb (ou F#) e o de A. Logo, conclui-se que dentro de uma série, os acordes e escalas são permutáveis.

▶ Na formação de uma escala Diminuta Semitom-Tom, estão contidos dois acordes de 7(b9). Por exemplo: esta escala em C possui as notas dó, réb, ré#, mi, fá#, sol, lá, sib. O primeiro acorde é formado pelas notas dó (baixo), sib (7ª), réb (b9), mi, sol; e o segundo, pelas notas restantes: ré# (passa a ser o baixo), réb, mi, sol e sib.

# C
7(♭9/13)

G

E♭ (D♯)

B♭ (A♯)

F♯ (G♭)

D

A

F

C♯ (D♭)

A♭ (G♯)

E

B

Escala Aumentada

Formação

Três semitons e três intervalos de 2ª aumentada (ou 3ª menor para facilitar), em sequência regular - 2ªa st 2ªa st 2ªa st. Exemplo em C.

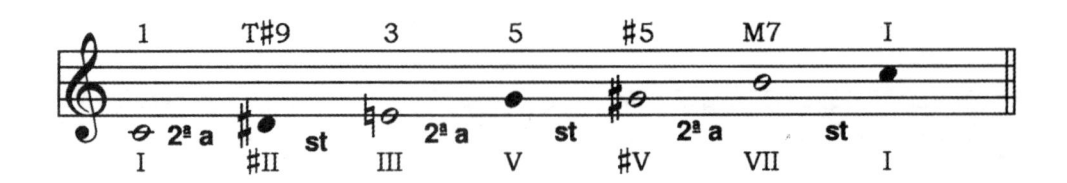

Aplicação

A escala Aumentada é usada na categoria dos acordes Maiores que possuem a 5ª aumentada.

$$(\sharp 5),\ M7(\sharp 5)$$

Análises Alternativas

▶ Pode ser vista como a escala Menor Harmônica, sem a segunda e quarta notas, acrescentando-se a 3ª maior após a 3ª menor. Esta é apenas uma comparação de sons, já que estas escalas são de categorias diferentes.

▶ Escala que tem formação de 3ª menor e semitom sucessivos.

Observações

▶ Possui somente seis notas.

▶ Esta não é uma escala muito usada, apesar de seu colorido muito interessante. A escala Lídia Aumentada é preferível para improvisação nos acordes maiores com 5ª aumentada.

▶ Devido à sua configuração simétrica, existem, essencialmente, apenas quatro escalas e acordes básicos começando em C, C♯ (ou D♭), D e E♭ (ou D♯). As demais escalas são originadas a partir destas e possuem as mesmas características (três 2ªs aumentadas intercaladas por semitom). São criadas sequencialmente em ciclos de 3ª maior. As notas que compõem o acorde de C desta escala (dó, ré♯, mi, sol, sol♯, si) são as mesmas que compõem o de E (mi, sol, sol♯, si, dó, ré♯) e o de G♯ (ou A♭).

▶ Na formação de uma escala Aumentada, estão contidos três acordes aumentados. Assim, conclui-se que dentro de uma série, os acordes e escalas são permutáveis, mudando-se apenas o baixo.

C

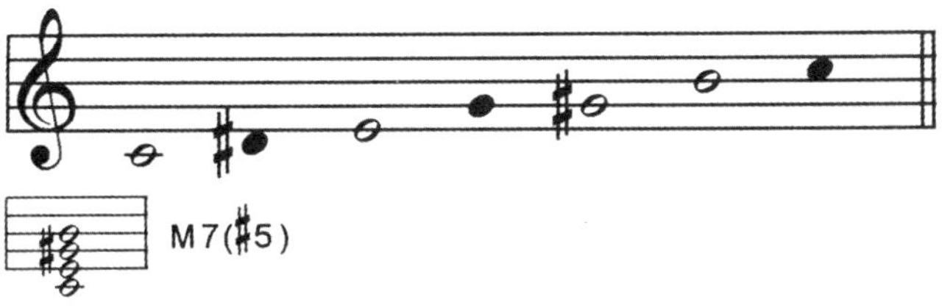

D

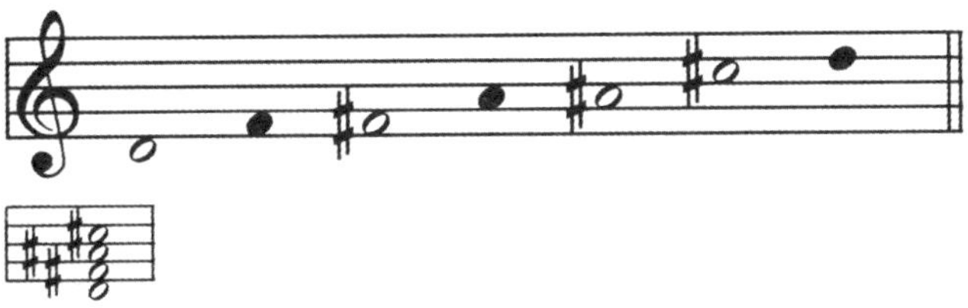

E

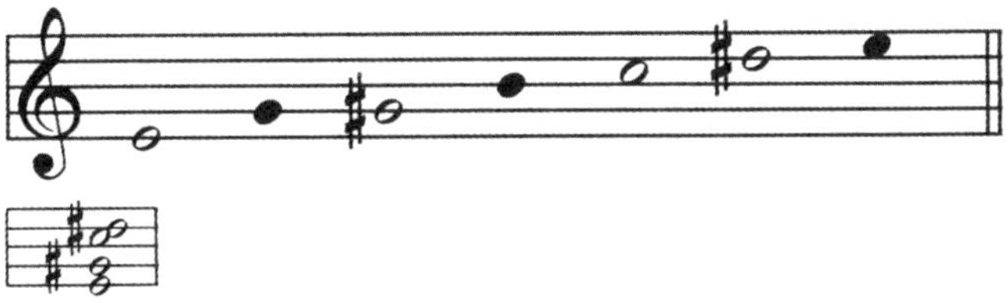

F♯ (G♭)

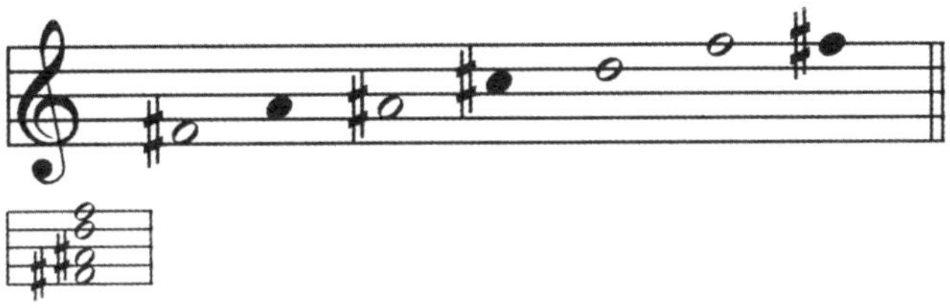

G♯ (A♭)

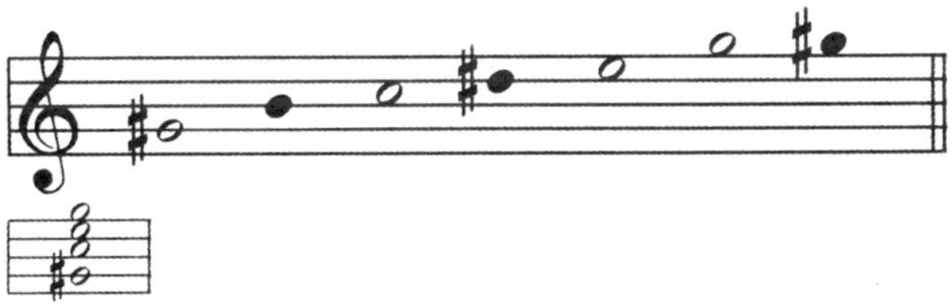

A♯ (B♭)

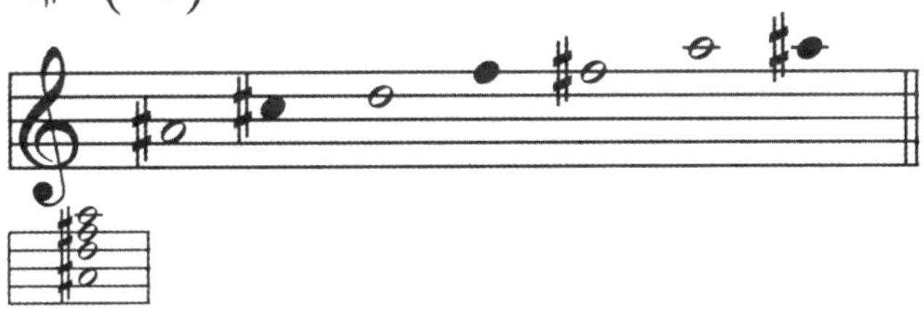

C♯ (D♭)

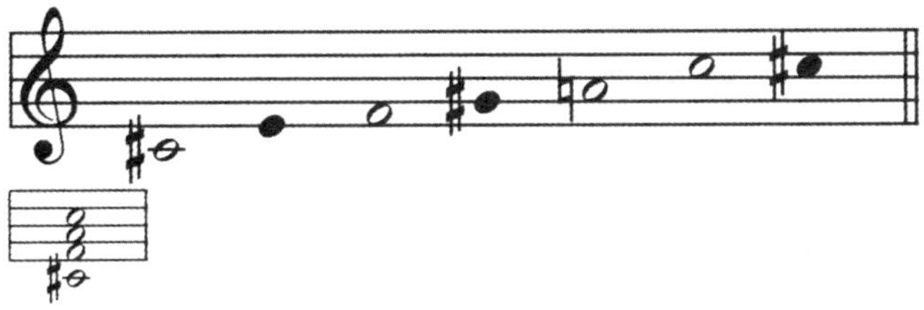

E♭ (D♯)

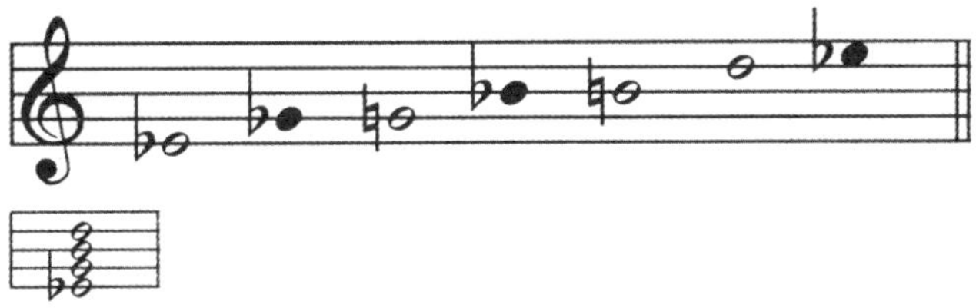

F

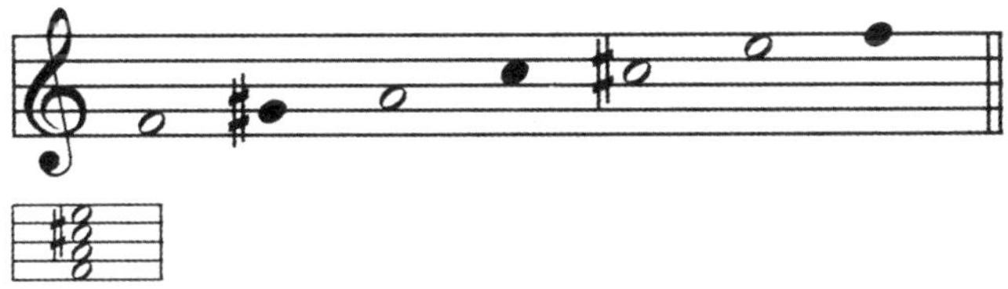

G

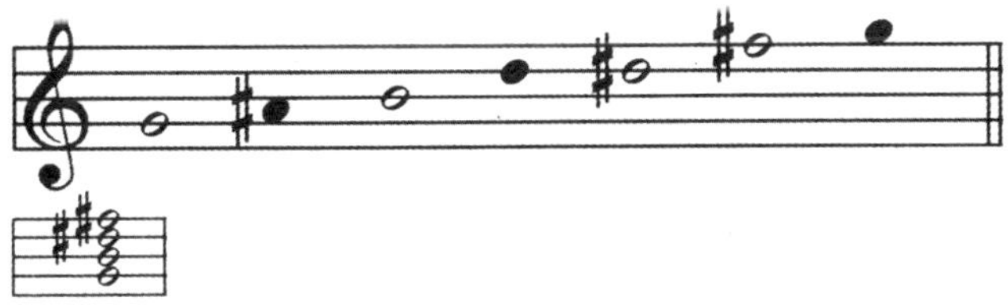

A

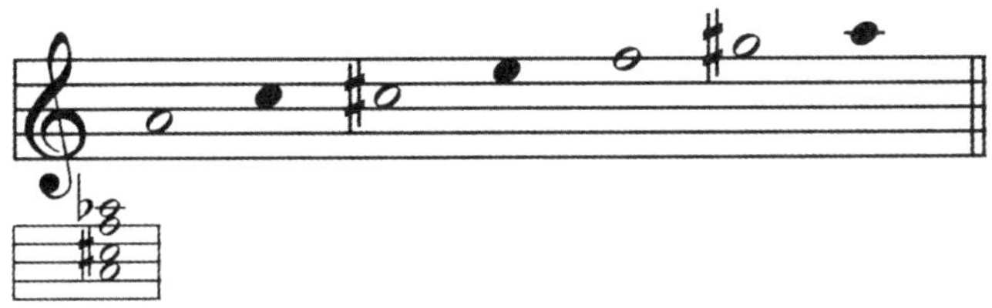

B

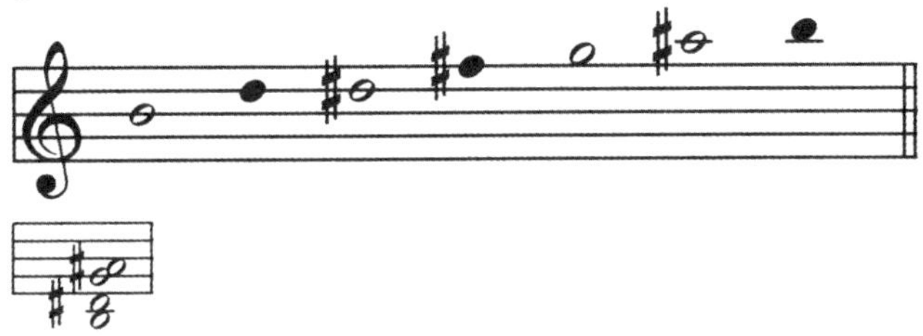

Escala de Tons Inteiros

Formação
Seis tons consecutivos, exemplo em C.

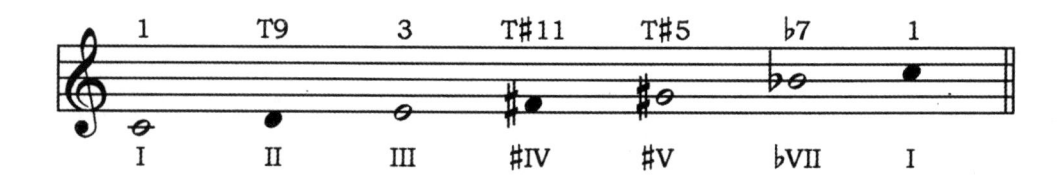

```
        1      T9      3     T#11    T#5    b7      1
        I      II      III   #IV     #V     bVII    I
```

Aplicação
A escala de Tons Inteiros é usada na categoria dos acordes dominantes que possuem a 5ª diminuta, aumentada, ou ambas, contanto que não tenham 9ª alterada. Como b5 é igual a #11, e #5 é o mesmo que b13, esta escala se aplica a todas estas variações.

$$7(b5),\ 7(\#5),\ 7(\#11),\ 7(b13),\ 7\binom{9}{b13}$$

Análise Alternativa
▶ Possui características próprias muito marcantes, não suportando comparações. O melhor ponto de partida é estudar a sucessão dos tons inteiros. Se desejar, pode ser vista como uma escala Lídia Aumentada, com a sexta nota elevada em um semitom e a sétima suprimida.

Observações
▶ A apresentação das tonalidades (à direita) é feita na sucessão dos tons inteiros.

▶ No caso específico dos acordes 7(b5) ou 7(#11), a escala Lídia Dominante também pode ser utilizada.

▶ Possui somente seis notas, todas com intervalo de tom. Como na escala cromática existem doze sons, conclui-se que só pode haver duas escalas de tons inteiros (analisando pelos sons das notas). Este conceito facilita a execução das escalas nas diferentes tonalidades, pensando nelas enarmonicamente.

▶ Devido à sua configuração simétrica, as duas escalas de partida são: C e C#. As demais são originadas a partir destas e possuem as mesmas características (seis tons). Por exemplo: a escala de C tem as notas dó, ré, mi, fá# (ou solb), sol#, lá# (ou Bb), assim como a de D (ré, mi, fá# ou solb, sol#, lá# ou Bb e dó), e assim por diante, de tom em tom, nas tonalidades E, F#, Ab e Sib.

C

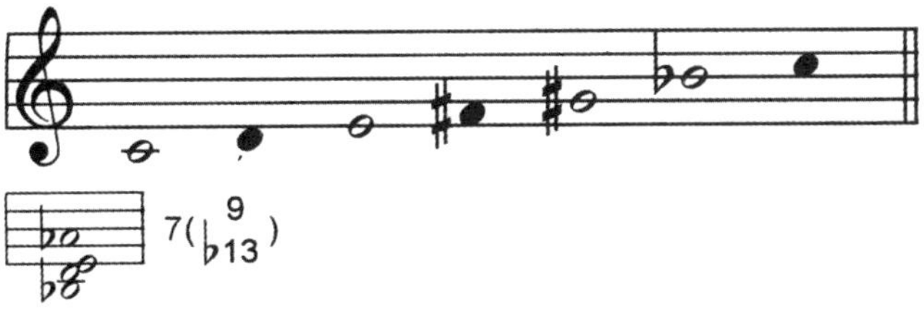

D♭ (C♯)

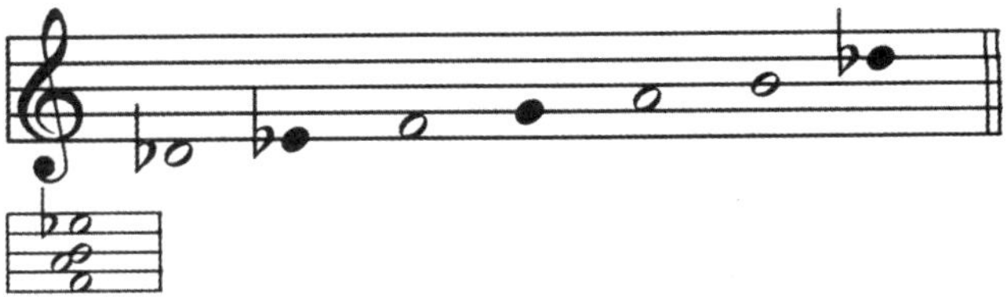

D

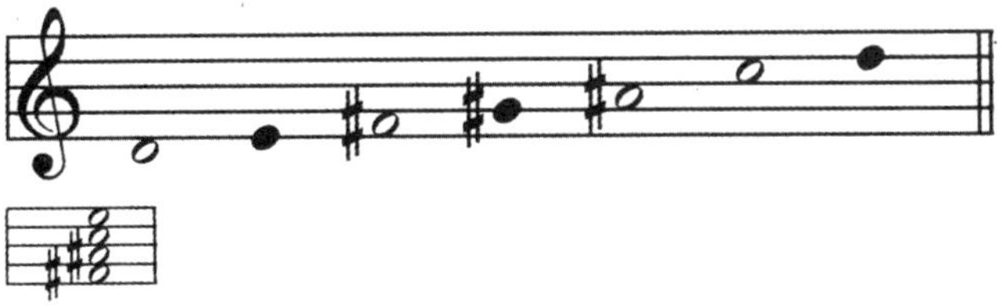

E♭ (D♯)

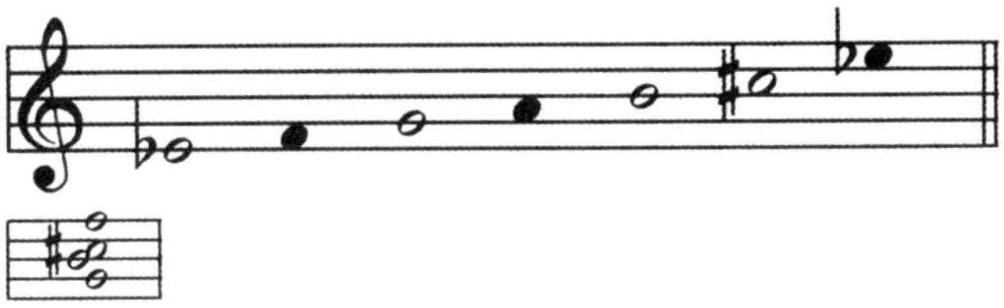

E

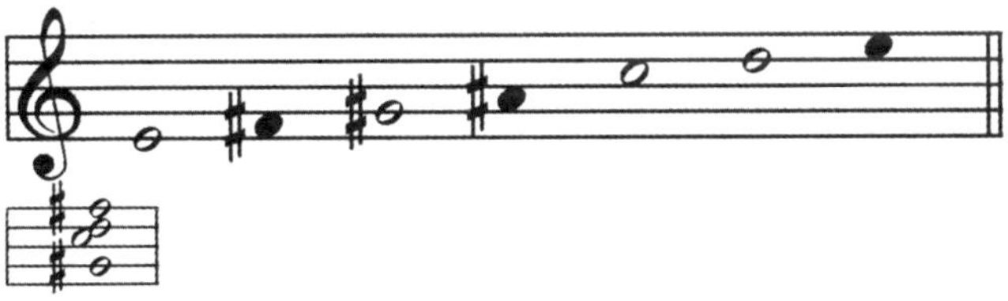

F

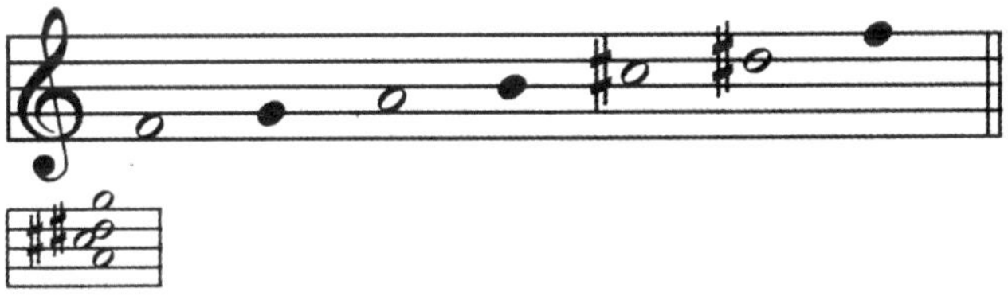

G♭ (F♯)

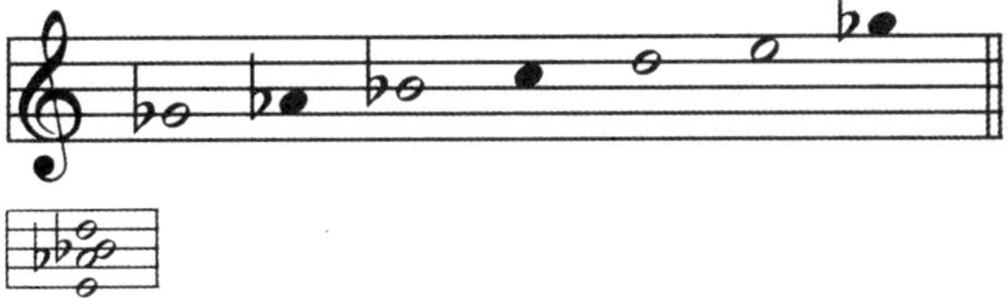

G

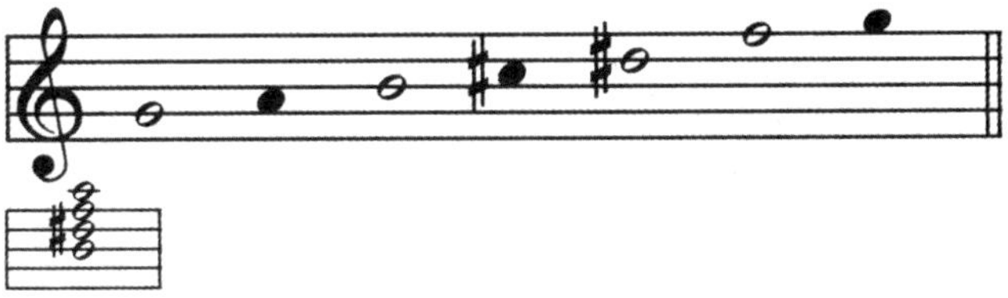

A♭ (G♯)

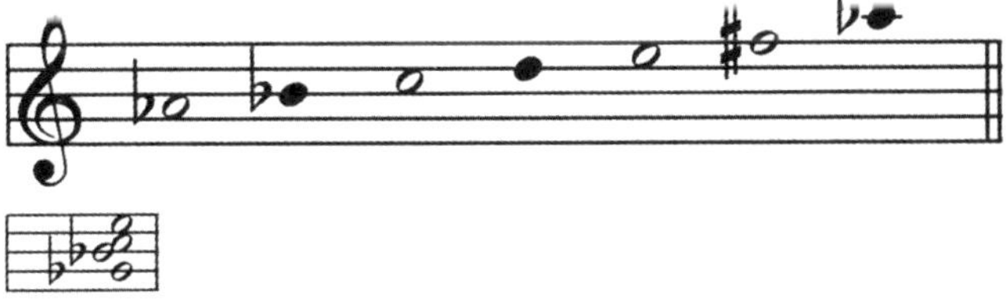

A

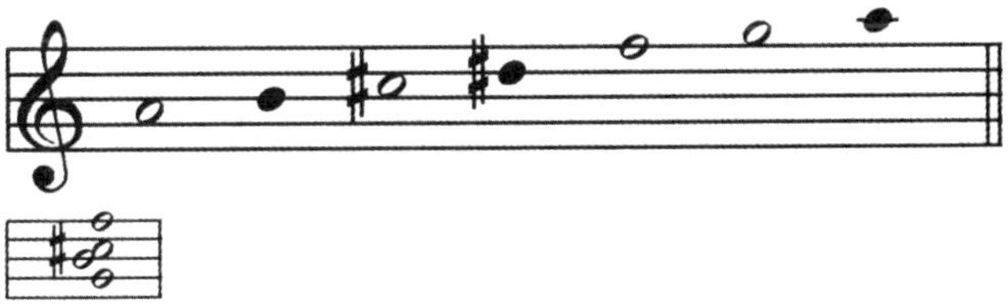

B♭ (A♯)

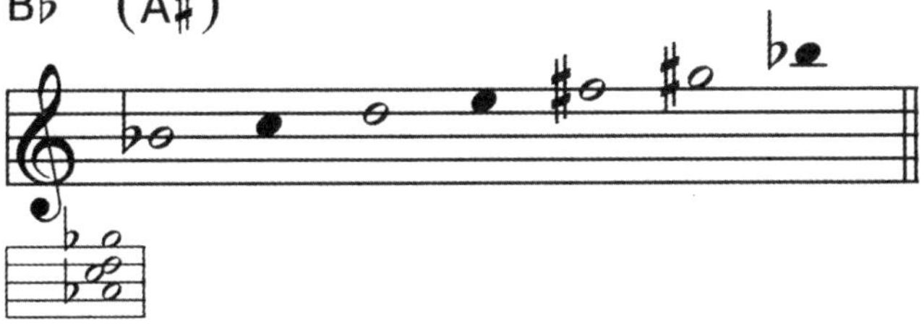

B

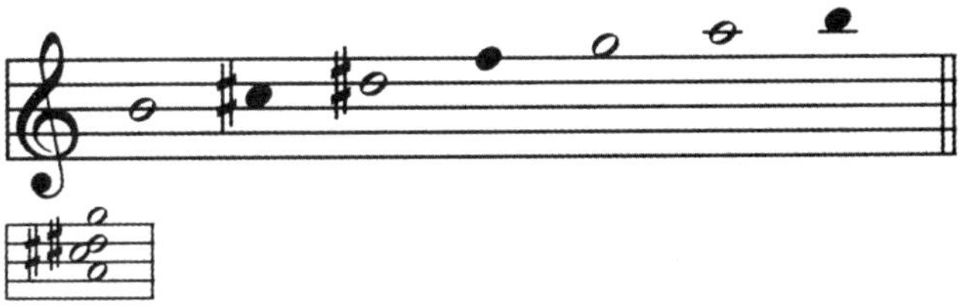

Escala Cromática

Formação
Doze semitons consecutivos, exemplo em C, ascendente e descendente.

Aplicação
A escala Cromática pode ser executada em qualquer categoria de acorde, com todas as alterações possíveis. Dependendo da situação, inevitavelmente haverá choques, que podem ser resolvidos, geralmente, um semitom acima ou abaixo.

Todos os acordes

Análise Alternativa
▶ Possui características próprias, muito peculiares, mas pode ser construída tendo-se em mente a escala Jônica e acrescentando-se semitons entre os intervalos de tom. A escala Cromática passa por todas as notas disponíveis nos instrumentos temperados.

Observações
▶ Devido à sua simetria (somente semitons), existe apenas uma escala Cromática, que pode começar em qualquer uma das notas que a compõe. Assim, não é aqui apresentada em cada tom.

▶ A escala Cromática é considerada o alfabeto musical, pois contém todas as notas.

▶ Em um improviso, é desaconselhável sua execução nota por nota. Por outro lado, seu estudo é essencial pois forma a base para a utilização do Cromatismo.

Cromatismo

Cromatismo é a utilização de intervalos de semitom que não pertencem à escala (ou acorde) diatônico. A princípio, as notas cromáticas (fora do acorde) podem soar como erradas, mas dependendo da escolha de notas ideais e de suas resoluções, torna-se um recurso de grande efeito.

O uso inteligente e moderado do cromatismo embeleza o improviso. Já a execução da escala cromática (vários semitons seguidos), durante alguns compassos, provavelmente cansará o ouvinte.

Execute este exemplo de utilização ideal da escala Cromática completa, no sentido descendente, começando na nota sol (quinta nota da pauta), sobre um encadeamento IIm-V-I. No último compasso, a terceira nota também é um semitom cromático.

Use a articulação jazzística:

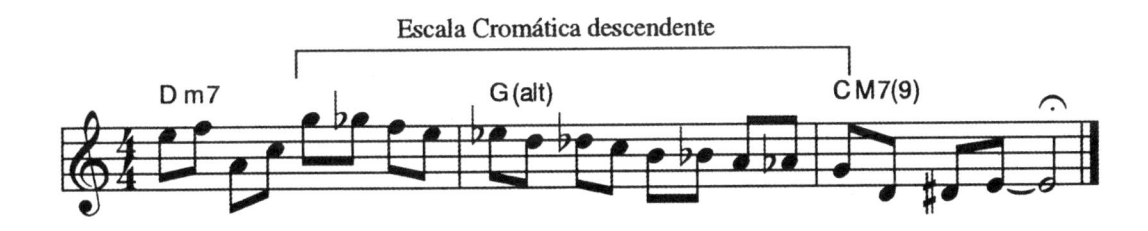

Num contexto musical, as notas cromáticas devem ser colocadas de forma estratégica para que os choques contribuam de forma positiva para a criação de tensões.

Primeiramente, é necessário assimilar a harmonia (encadeamento) da música. Ao improvisar, executa-se notas cromáticas inseridas entre as notas que pertencem à escala dos acordes em questão. Para relaxar as tensões, busca-se novamente as notas da escala que, para facilitar, podem ser a tônica, a 3ª ou a 5ª, como mostra o seguinte exemplo:

PARTE 6

ESCALAS DE BEBOP

ESCALAS DE BEBOP

Agora que diversas escalas e o conceito de cromatismo foram estudados, serão apresentadas, a seguir, outras escalas muito utilizadas no jazz e na música popular em geral.

Na verdade, são escalas já conhecidas, que passam a ter um "sotaque" especial, através da introdução de mais uma nota (semitom cromático).

Os grandes mestres do jazz constantemente as executam em seus improvisos. Absorvendo essas novas possibilidades, o estudante se aproxima do estilo dos grandes solistas, até o dia em que possua sua maneira própria de improvisar. Ver e ouvir músicos experientes ainda é a melhor escola.

Não é necessário decorar cada uma destas escalas; basta, apenas, analisá-las e entender em que graus entram os semitons cromáticos.

Um fator importante nas escalas de Bebop é que possuem oito notas e, consequentemente, se enquadram mais naturalmente, em termos rítmicos, nos estudos e improvisos com subdivisões de quatrinas (semicolcheias).

Bebop Maior
Derivada da Maior (Jônica), com acréscimo de uma nota cromática após a 5ª justa.

Bebop Menor
Derivada da Dórica, com acréscimo de uma nota cromática após a 3ª menor.

Bebop Dominante
Derivada da Mixolídia, com acréscimo de uma nota cromática após a 7ª menor.

Bebop Meio Diminuta
Derivada da Lócria, com acréscimo de uma nota cromática após a 5ª diminuta.

Escala Bebop Maior

Origem

I grau da escala Maior, com acréscimo de uma nota cromática após a 5ª justa. Derivada da escala Jônica.

Formação

Quatro tons e quatro semitons - t t st t st st t st. Exemplo em C.

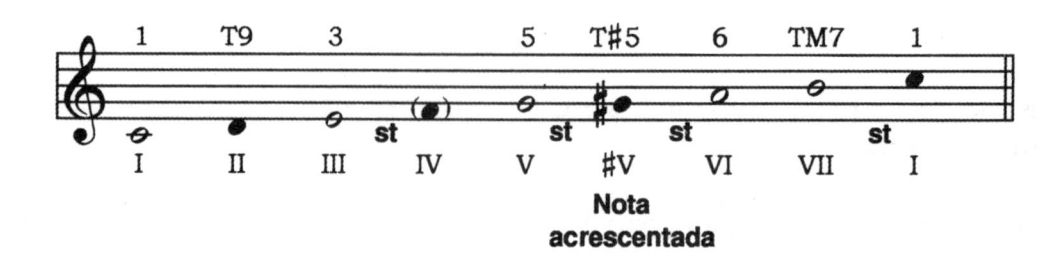

Aplicação

Como na escala Jônica, a escala Bebop Maior é usada para improvisação nos acordes da categoria maior que não possuem alterações (♭5, ♯5, ♯9, etc.). É aplicada nos seguintes acordes:

$$M,\ M7,\ M7(9),\ M6,\ M^6_9,\ M7(6),\ M7(^6_9),\ (add9)$$

Análise Alternativa

▶ A escala Bebop Maior é, basicamente, a Escala Jônica, com acréscimo de uma nota cromática ascendente após o V grau, o que dá um colorido especial.

Observações

▶ Esta escala possui oito notas.

▶ Como na escala maior, a quarta nota deve ser também evitada ou utilizada somente de passagem (resolvendo na 3ª), por ser dissonante ao acorde. No caso do acorde de M7, a primeira nota também é dissonante e deve ser usada com cuidado, resolvendo na 7ª maior. Os VI e VII graus são intercambiáveis.

▶ A nota acrescentada não deve ser executada em tempo forte, ou seja, apenas de passagem, como mostra o exemplo abaixo, que pode ser executado ao piano, com ritmo de bossa-nova na mão esquerda:

89

Escala Bebop Menor

Origem
II grau (menor) da escala Maior, com acréscimo de uma nota cromática ascendente após a 3ª menor. Derivada da escala Dórica.

Formação
Quatro tons e quatro semitons - t st st st t t st t. Exemplo em C (II grau de B♭ maior).

Aplicação
Como na escala Dórica, a escala Bebop Menor é usada na categoria dos acordes menores que não possuem alterações (♭5, ♯5, ♯9, etc.).

$$m, \; m6, \; m^6_9, \; m7, \; m7(9), \; m7\binom{9}{11}, \; m7\binom{9\;11}{13}, \; m(add9)$$

Análises Alternativas
▶ Escala Dórica com acréscimo de uma nota cromática ascendente, após a 3ª menor.

▶ Pode ser vista também como a escala Bebop Dominante da tonalidade encontrada 4ª justa acima, partindo da quinta nota.

Observações
▶ Esta escala possui 8 notas.

▶ O VI grau não é considerado a evitar, dentro do conceito modal.

▶ A nota acrescentada não deve ser executada em tempo ou parte de tempo forte, ou seja, apenas de passagem.

▶ A escala Bebop Menor possui as mesmas notas que a Bebop Dominante da tonalidade encontrada 4ª justa acima. Por exemplo: a escala Bebop Menor de C possui as notas dó, ré, mi♭, mi, fá, sol, lá e si♭, ou seja, as mesmas que a Bebop Dominante de F, que tem as notas fá, sol, lá, si♭, dó, ré, mi♭ e mi.

91

Escala Bebop Dominante

Origem
V grau (dominante) da escala Maior, com acréscimo de uma nota cromática após a 7ª menor. Derivada da escala Mixolídia.

Formação
Quatro tons e quatro semitons - t t st t t st st st. Exemplo em C (V grau de F maior).

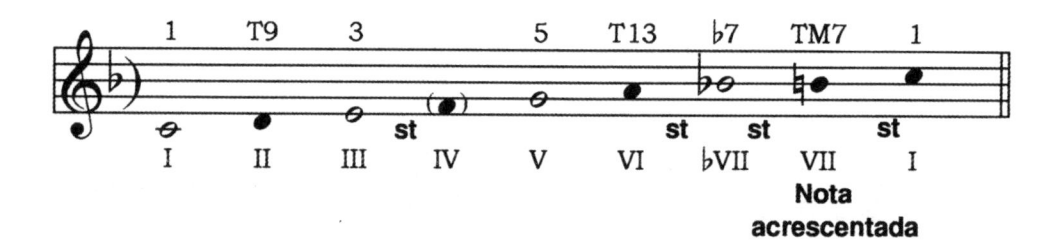

```
    1   T9   3        5   T13  b7  TM7   1
    I   II  III  IV   V   VI  bVII  VII  I
             st              st   st   st
                          Nota
                      acrescentada
```

Aplicação
Como na escala Mixolídia, a escala Bebop Dominante é usada na categoria dos acordes dominantes que não possuem alterações (b5, #5, b9, #9 ou #11) e também nos acordes dominantes sus4 (4ª suspensa), ou com 11ª.

$$7,\ 7(9),\ 7\binom{9}{13},\ 7(13)$$

$$\text{sus4},\ 7(4),\ \tfrac{7}{4}(9),\ 7\binom{9}{11},\ 7\binom{9}{11}_{13}$$

Análises Alternativas
▶ Escala Mixolídia com acréscimo de uma nota cromática ascendente, após a 7ª menor.

▶ Pode ser vista também como a escala Bebop Menor da tonalidade encontrada 5ª justa acima.

Observações
▶ Esta escala possui oito notas (as sete da Mixolídia acrescidas de uma cromática). A nota acrescentada não deve ser executada em tempo ou parte de tempo forte, ou seja, apenas de passagem.

▶ Esta escala pode substituir a escala Dórica (II modo da escala Maior), em um encadeamento II-V. Tomando como exemplo a cadência Gm7 C7, observe que as notas da escala Bebop Dominante em C (dó, ré, mi, fá, sol, lá, sib, si) são perfeitamente aplicáveis no acorde Gm7. Analogamente, as notas do Bebop Menor em G (sol, lá, sib, si, dó, ré, mi, fá) soam perfeitamente sobre o acorde de C7. Isto porque a escala Bebop Dominante tem as mesmas notas que a escala Bebop Menor da tonalidade encontrada 5ª justa acima. Os acordes são permutáveis sob estas escalas.

▶ Como na escala Mixolídia, o IV grau é dissonante e pede resolução na 3ª maior, devendo ser executado, também, como nota de passagem. Quando o acorde de 7ª tem a 4ª suspensa (ou 11ª) sem a 3ª, ocorre exatamente o inverso: a terceira nota deve ser evitada e a 4ª justa enfatizada.

C *(V de FM)*

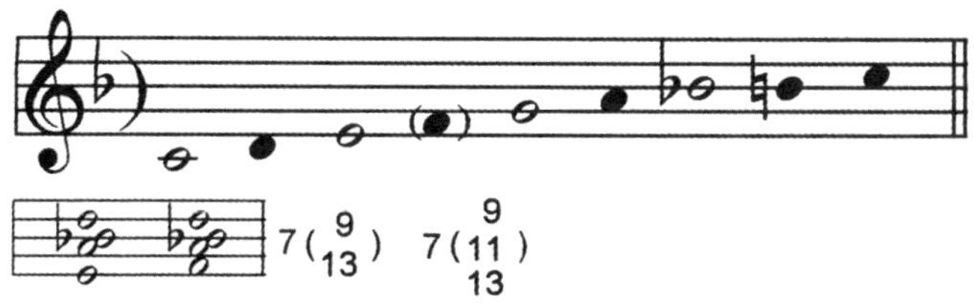

C♯ *(V de F♯M)*

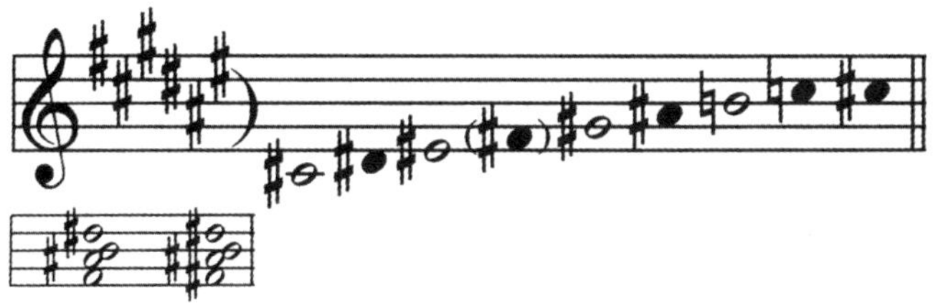

D♭ *(V de G♭M)*

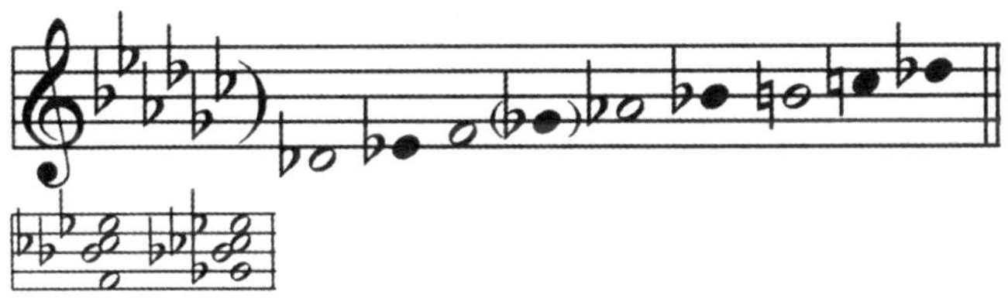

D *(V de GM)*

E♭ *(V de A♭M)*

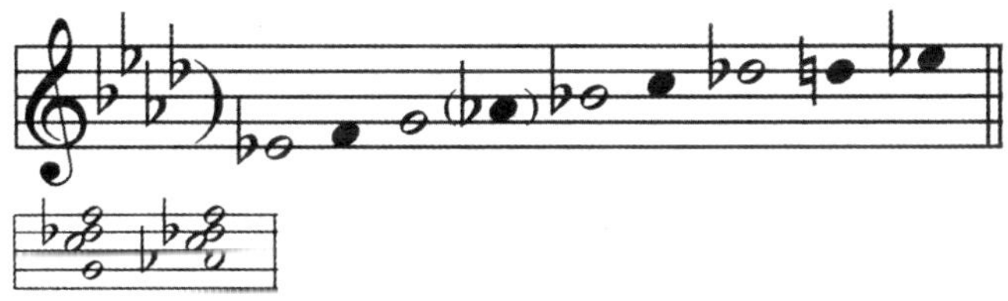

E *(V de AM)*

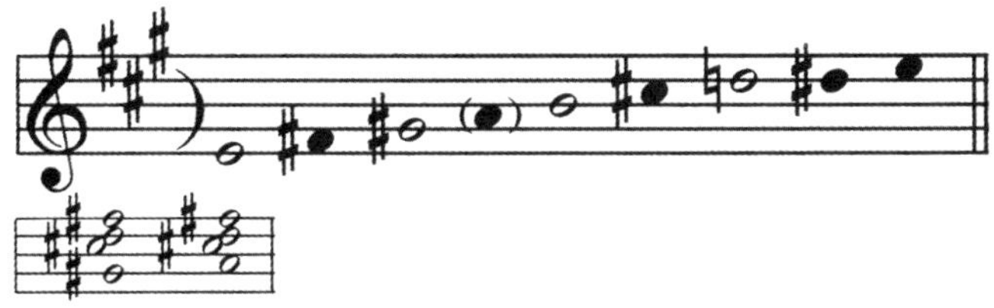

F *(V de B♭M)*

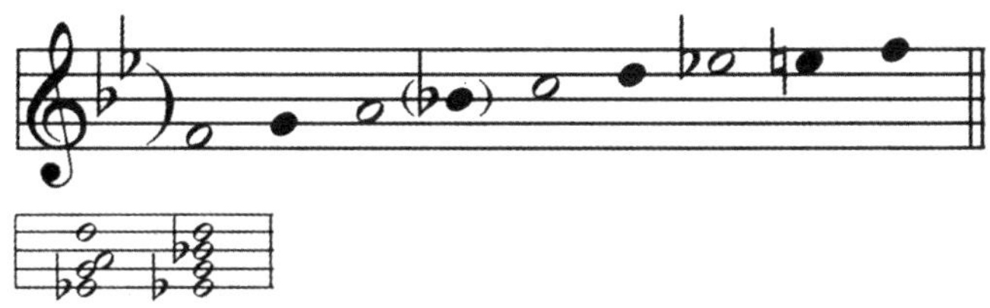

F♯ *(V de BM)*

G *(V de CM)*

G♯ *(V de C♯M)*

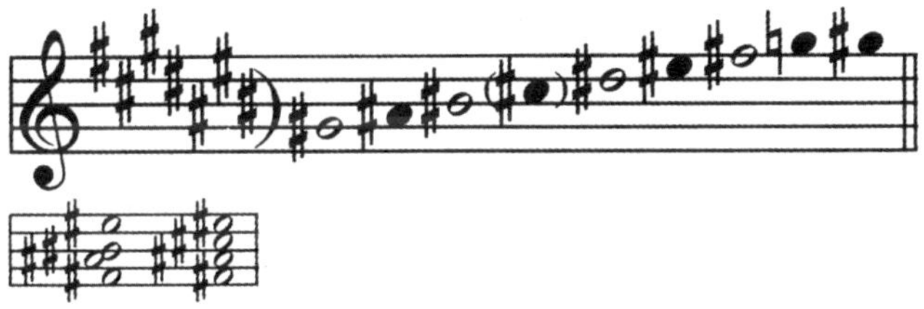

A♭ *(V de D♭M)*

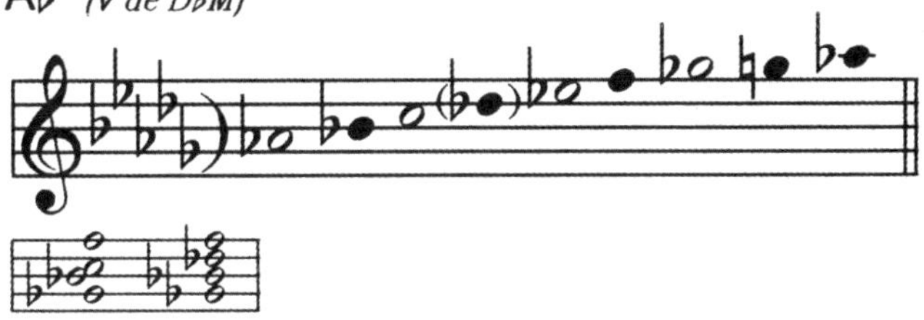

A *(V de DM)*

B♭ *(V de E♭M)*

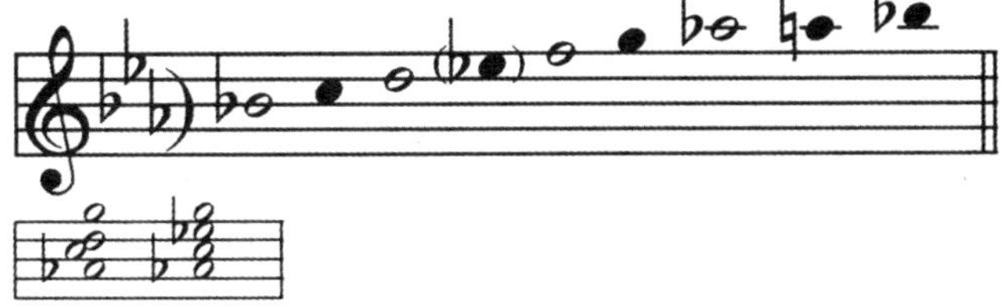

B *(V de EM)*

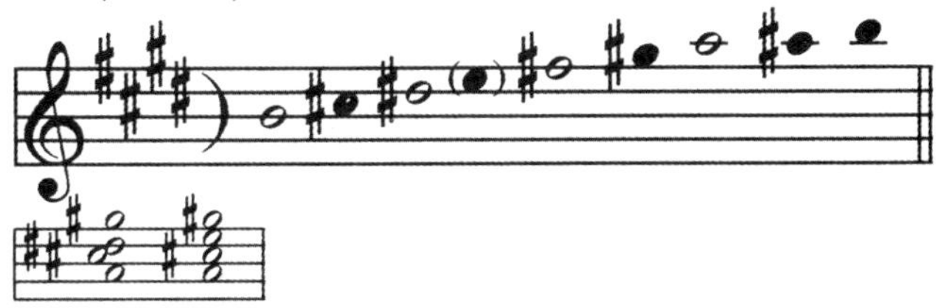

Escala Bebop Meio Diminuta

Origem
VII grau (meio diminuto) da escala Maior, com acréscimo de uma nota cromática após a 5ª diminuta. Derivada da escala Lócria (Meio Diminuta).

Formação
Quatro tons e quatro semitons - st t t st st st t t. Exemplo em C (VII grau de Db maior).

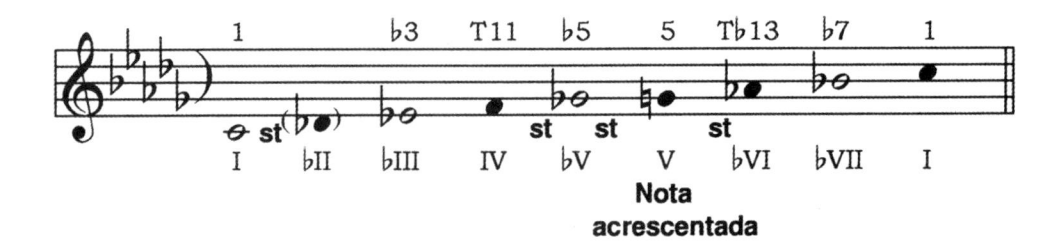

Aplicação
Como na escala Lócria, a Bebop Meio Diminuta é usada no acorde menor 7ª com a 5ª diminuta (também chamado de acorde meio diminuto).

$$m7(\flat 5),\ \emptyset,\ m7(\genfrac{}{}{0pt}{}{\flat 5}{11}),\ m7(\genfrac{}{}{0pt}{}{\flat 5}{\flat 13})$$

Análise Alternativa
▶ É similar à escala Lócria, com acréscimo de uma nota cromática ascendente após a 5ª diminuta.

Observações
▶ Esta escala possui 8 notas.

▶ A segunda nota é dissonante e pede resolução na primeira (raiz).

▶ Quando o acorde m7(♭5) tiver a 9ª maior incluída m7(♭5 9), é preferível a escala Lócria 2ª Maior (6º modo da escala Menor Melódica), onde a segunda nota é elevada em um semitom, evitando o choque.

95

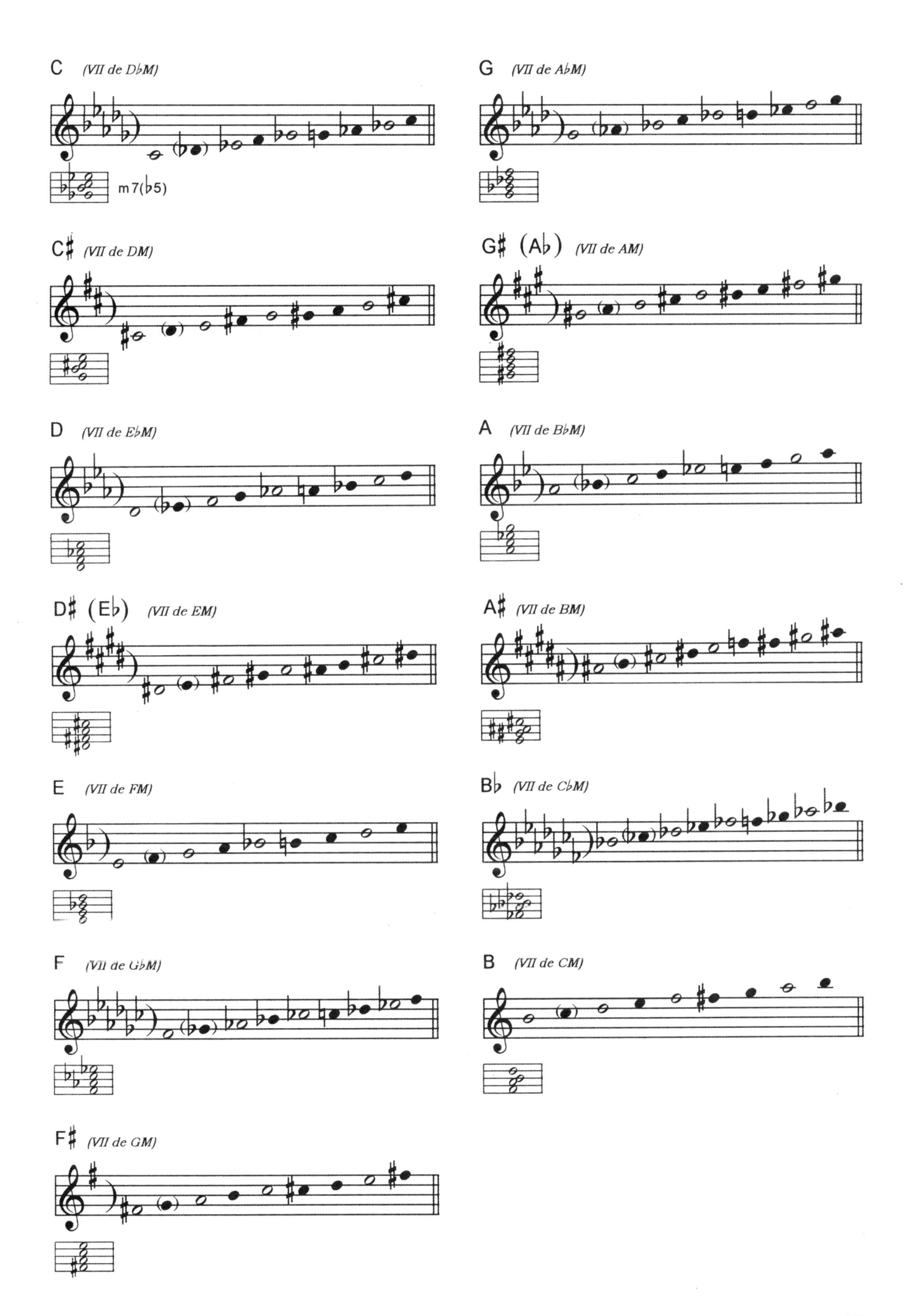

PARTE 7

MODOS DA ESCALA MENOR HARMÔNICA

MODOS DA ESCALA MENOR HARMÔNICA

A escala Menor Harmônica gera sete modos ou escalas, sendo que o primeiro, segundo e quinto são os mais usados, sobretudo na cadência II-V-I, quando o I grau é um acorde menor. Cada situação é aqui apresentada, com opções de substituição por escalas mais recomendadas. Os modos desta escala básica estão demonstrados no gráfico a seguir, com exemplo em C:

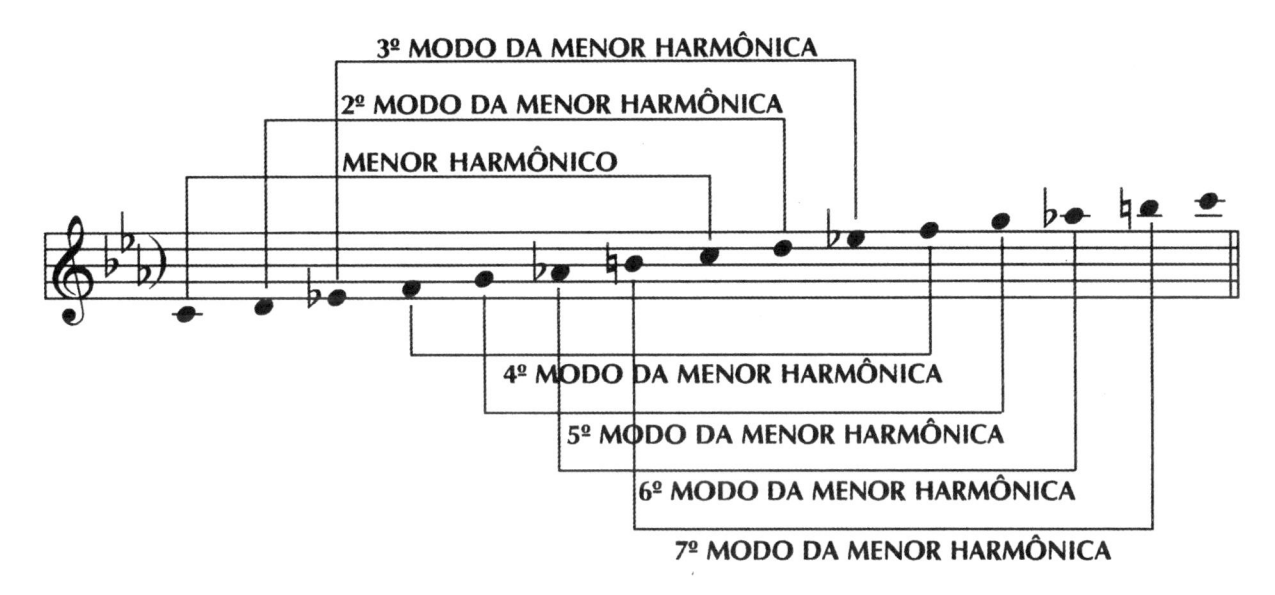

GRAU	NOTAS	NOME DA ESCALA	FORMAÇÃO
I	Dó a Dó	Menor Harmônica	t st t t st 2ª st
II	Ré a Ré	2º Modo da Menor Harmônica	st t t st 2ª st t
III	Mib a Mib	3º Modo da Menor Harmônica	t t st 2ª st t st
IV	Fá a Fá	4º Modo da Menor Harmônica	t st 2ª st t st t
V	Sol a Sol	5º Modo da Menor Harmônica	st 2ª st t st t t
VI	Láb a Láb	6º Modo da Menor Harmônica	2ª st t st t t st
VII	Si a Si	7º Modo da Menor Harmônica	st t st t t st 2ª

Acordes Gerados pela Escala Menor Harmônica
Exemplo em C

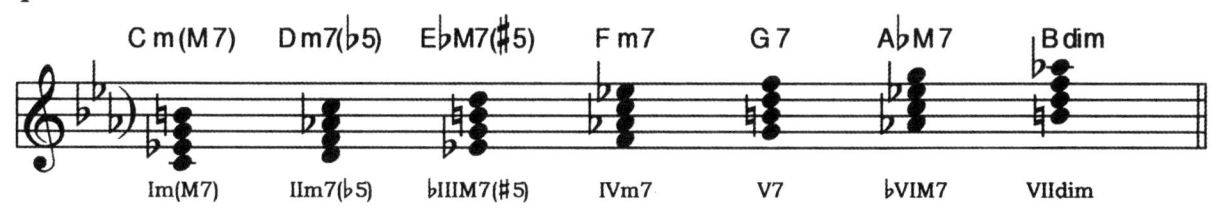

Cm(M7)   Dm7(b5)   EbM7(#5)   Fm7   G7   AbM7   Bdim

Im(M7)   IIm7(b5)   bIIIM7(#5)   IVm7   V7   bVIM7   VIIdim

É justamente o intervalo de 2ª aumentada (3ª menor para facilitar) que dá o sentido de música árabe, sendo que vários estilos musicais, atualmente (sobretudo a *world music*), estão incorporando esta sonoridade.

Escala Menor Harmônica

Origem
I grau (menor) da escala Menor Harmônica.

Formação
Três tons, três semitons e uma 2ª aumentada - t st t t st 2ªa st. Exemplo em C.

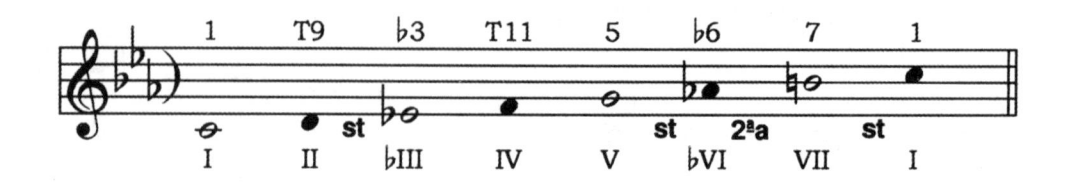

Aplicação
A escala Menor Harmônica é usada opcionalmente nos acordes menores com 7ª maior.

$$m(M7),\ m(^{M7}_{\ 9})$$

Análise Alternativa
▶ É similar à escala Menor Melódica, com o VI grau abaixado em um semitom.

Observações
▶ A tônica deve ser executada com cautela pois choca com a 7ª maior do acorde gerado e pede resolução na mesma.

▶ Este modo é eventualmente usado no acorde do I grau (menor com 7ª maior), nas cadências II-V-Im.

▶ A escala preferível para improvisação sobre estes acordes é a Menor Melódica que, inclusive, pode ser aplicada quando a 6ª está presente, ao contrário da Menor Harmônica.

C

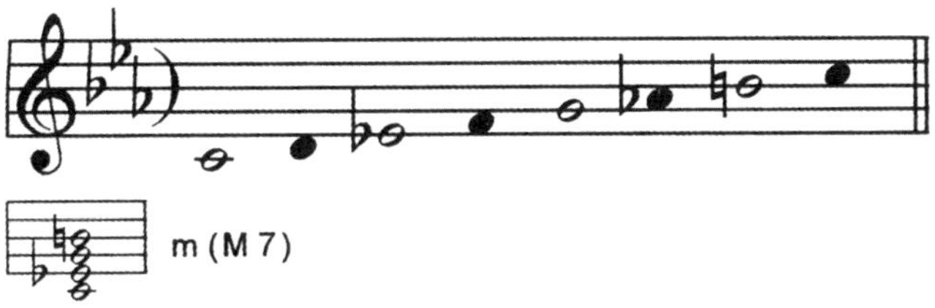

C♯

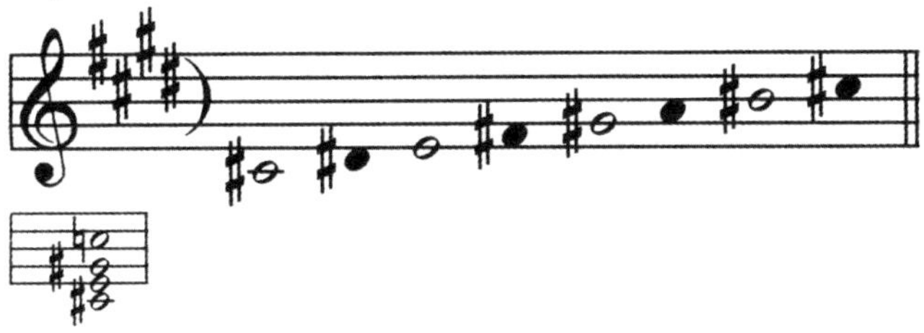

D

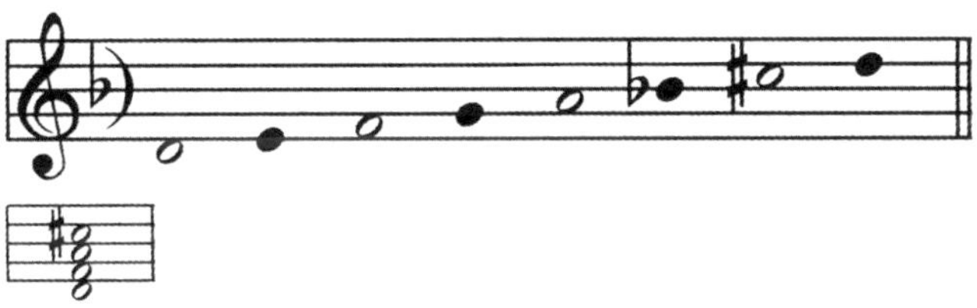

E♭ (D♯)

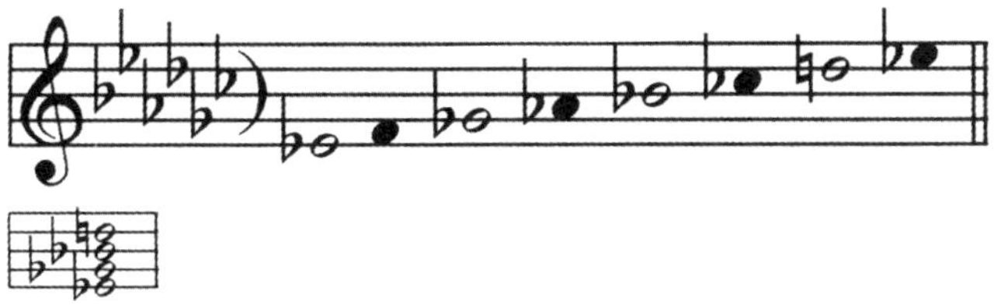

E

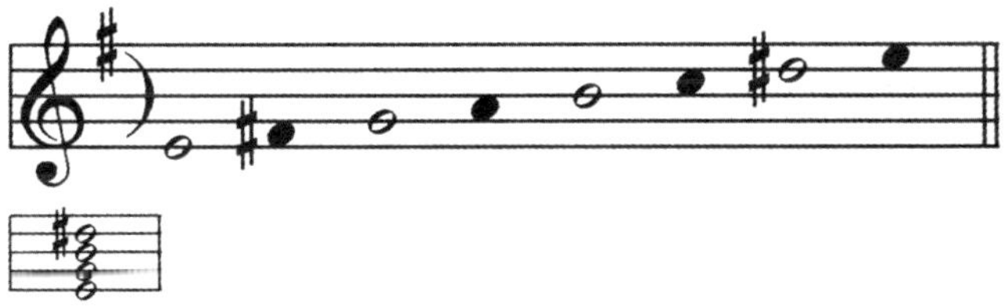

F

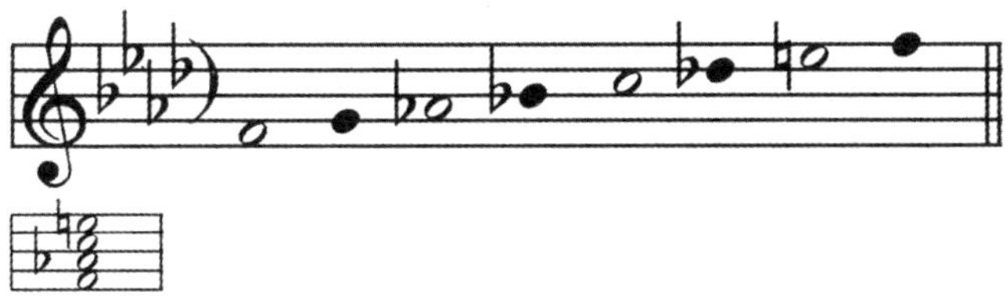

F♯

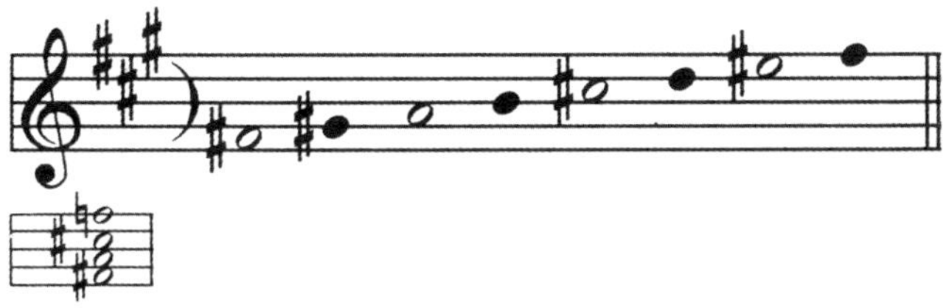

G

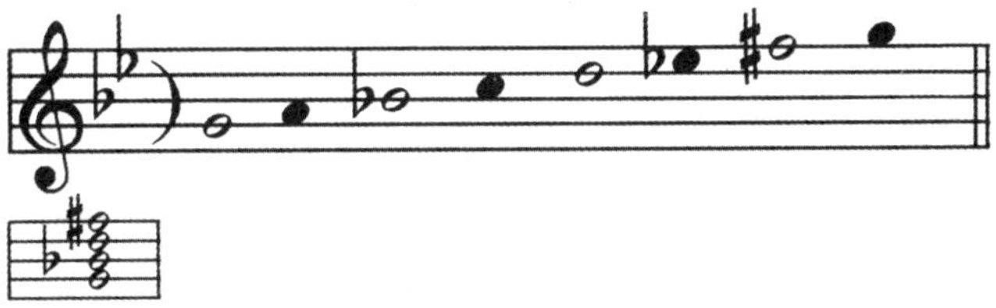

G♯

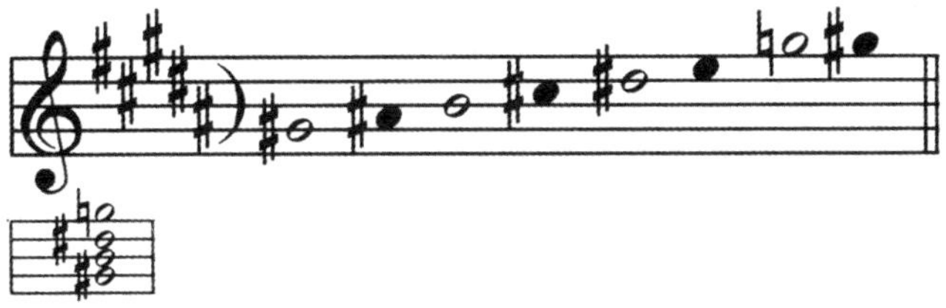

A♭

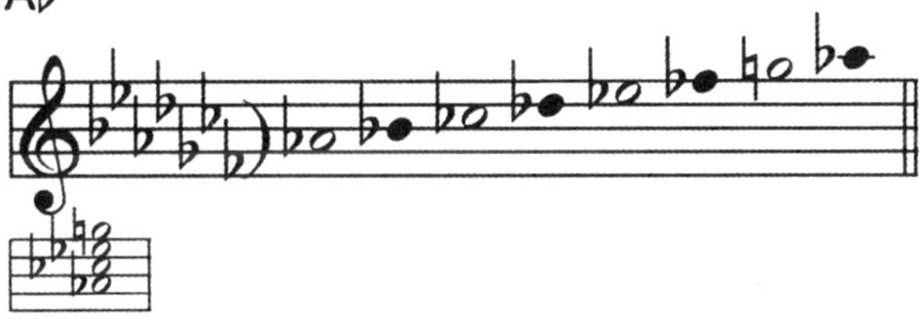

A

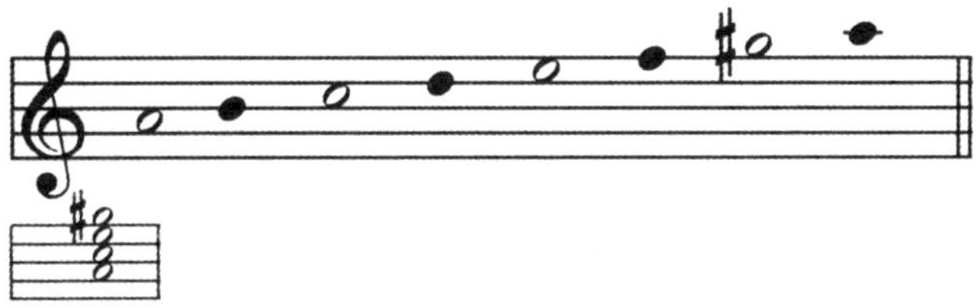

A♯

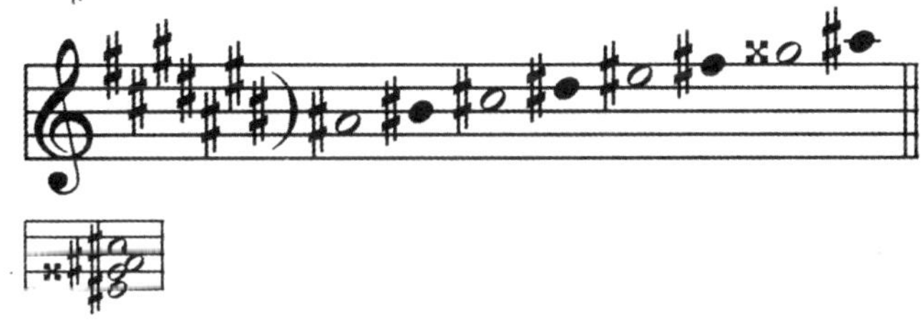

B♭

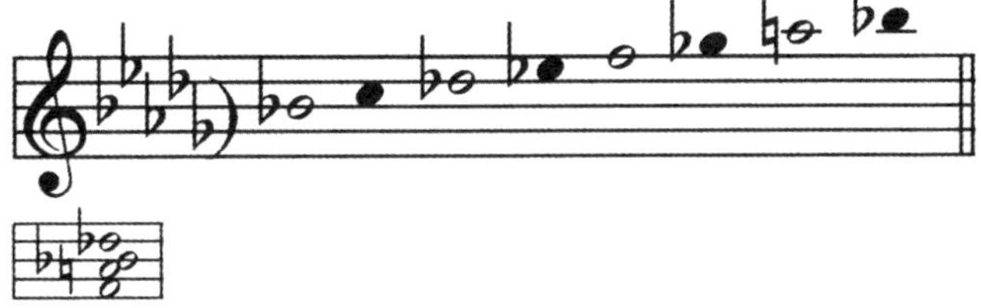

B

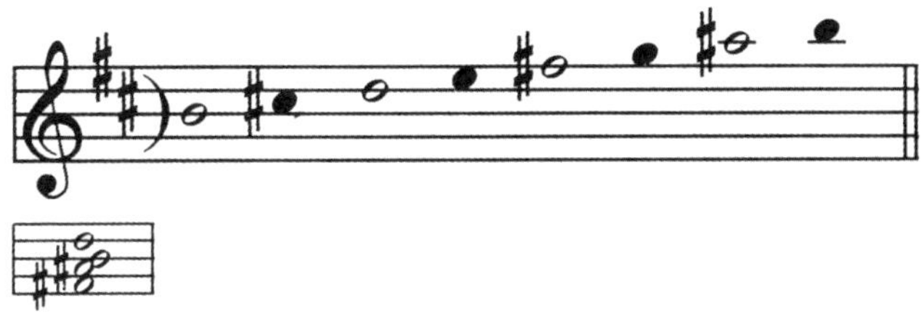

Escala do 2º Modo da Menor Harmônica

Origem
II grau (meio diminuto) da escala Menor Harmônica.

Formação
Três tons, três semitons e uma 2ª aumentada - st t t st 2ªa st t. Exemplo em C (II grau de B♭ menor).

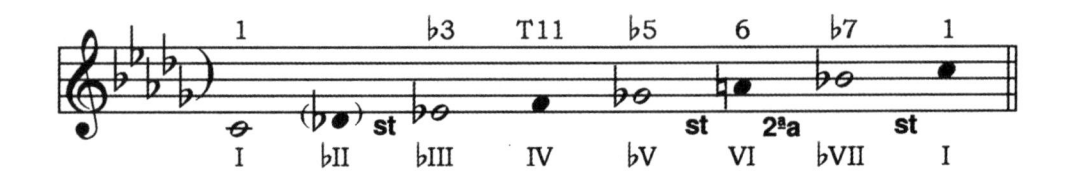

Aplicação
A escala do 2º Modo da escala Menor Harmônica é usada opcionalmente no acorde menor 7ª com 5ª diminuta (meio diminuto).

$$m7(\flat5),\ \varnothing,\ m7\binom{\flat5}{11}$$

Análises Alternativas
▶ Escala Lócria com o VI grau elevado em um semitom.

▶ Escala Dórica com o II e V graus abaixados em um semitom.

Observações
▶ O II grau é a evitar.

▶ A escala mais recomendada para improvisação sobre este acorde é a Lócria.

▶ Quando o acorde tiver a 9ª maior incluída, ou seja m7(♭5 9), é preferível a escala Lócria 2ª Maior, onde a 2ª é elevada em um semitom, evitando o choque com a 9ª menor.

#

Escala do 3º Modo da Menor Harmônica

Origem
III grau (aumentado) da escala Menor Harmônica.

Formação
Três tons, três semitons e uma 2ª aumentada - t t st 2ªa st t st. Exemplo em C (III grau de A menor).

Aplicação
A escala do 3º Modo da escala Menor Harmônica é usada opcionalmente no acorde maior com 7ª maior e 5ª aumentada, podendo ter incluída a 9ª.

$$M7(\sharp 5), \quad M7\binom{\sharp 5}{9}$$

Análises Alternativas
▶ Escala Jônica com a 5ª elevada em um semitom.

▶ Escala Lídia Aumentada com o IV grau abaixado em um semitom.

Observações
▶ A tônica choca com a 7ª maior e pede resolução na mesma. A 4ª deve ser também executada de passagem.

▶ A escala mais recomendada para improvisação sobre este acorde é a Lídia Aumentada.

C *(III de Am)*

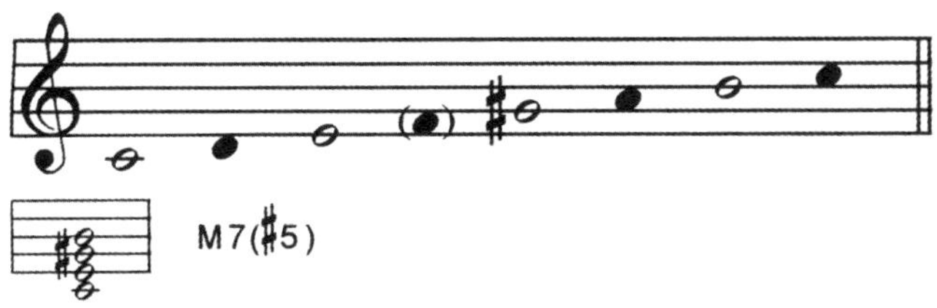

C♯ *(III de A♯m)*

D♭ *(III de B♭m)*

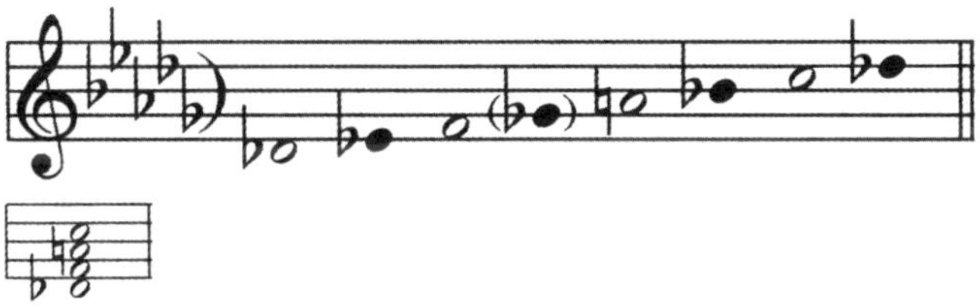

D *(III de Bm)*

E♭ (D♯) *(III de Cm)*

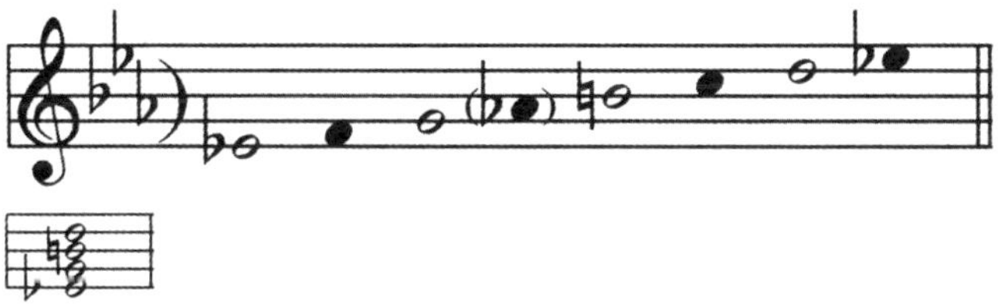

E *(III de C♯m)*

F *(III de Dm)*

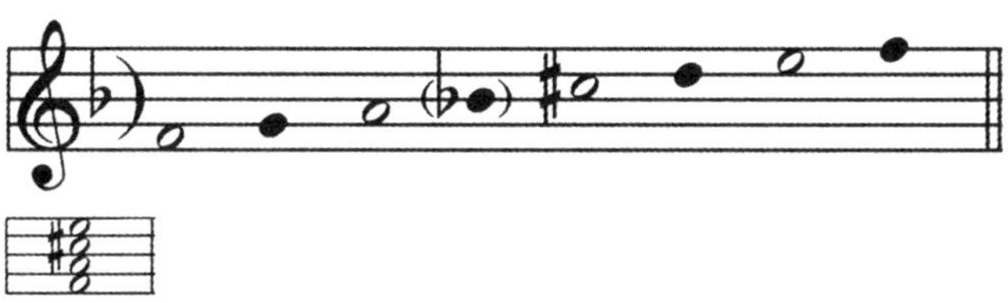

F♯ *(III de D♯m)*

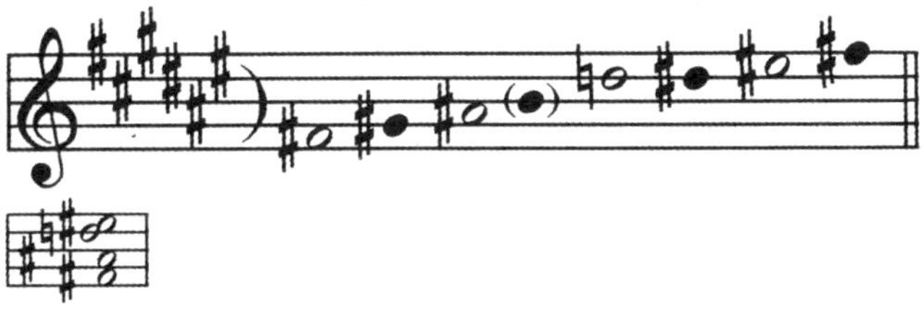

G♭ *(III de E♭m)*

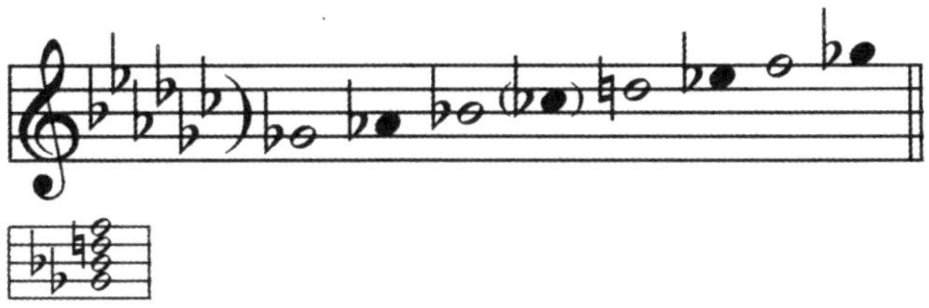

G *(III de Em)*

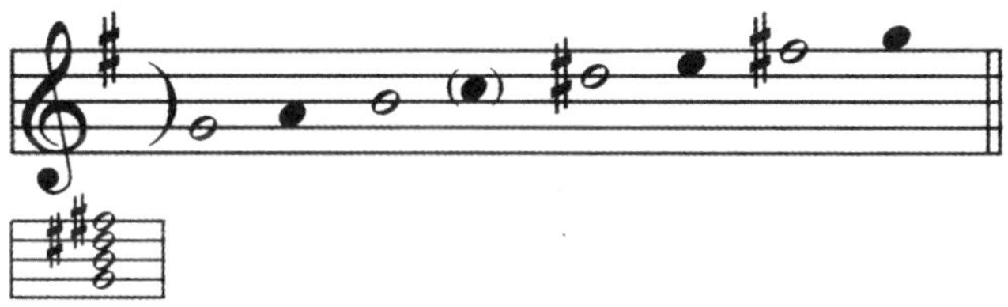

A♭ (G♯) *(III de Fm)*

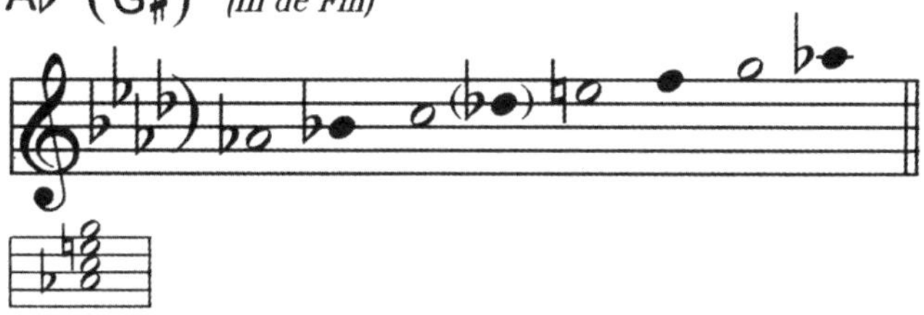

A *(III de F♯m)*

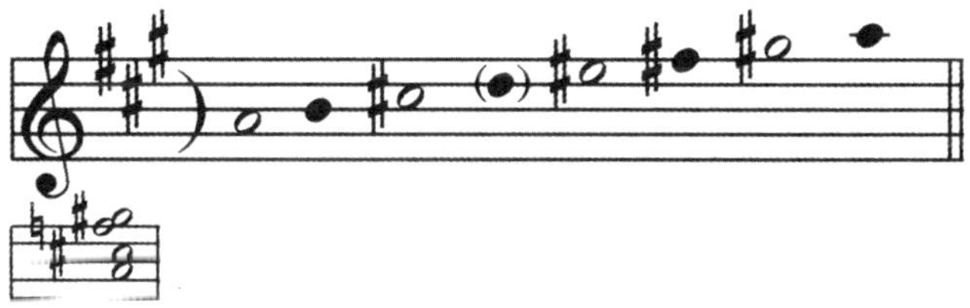

B♭ *(III de Gm)*

B *(III de G♯m)*

Escala do 4º Modo da Menor Harmônica

Origem
IV grau (menor) da escala Menor Harmônica.

Formação
Três tons, três semitons e uma 2ª aumentada - t st 2ªa st t st t. Exemplo em C (IV grau de G menor).

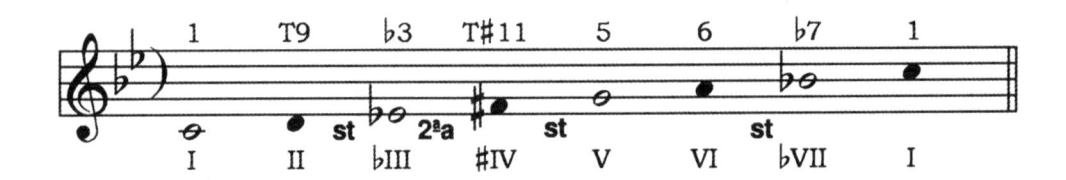

Aplicação
A escala do 4º Modo da escala Menor Harmônica é usada opcionalmente no acorde menor com 7ª, podendo ter incluída a 9ª.

> m7, m7(9)

Análise Alternativa
▶ Escala Dórica com a 4ª aumentada.

Observações
▶ A quarta nota pede resolução na 5ª justa.

▶ No contexto modal, o VI grau não necessita ser evitado.

▶ A escala mais recomendada para improvisação sobre estes acordes é a Dórica (ver p. 24).

▶ Esta escala pode ser perfeitamente aplicada sobre o poliacorde D/Cm7 (ré maior sobre dó menor 7ª), que poderia ser mais precisamente cifrado como Cm7(9 ♯11 13).

C *(IV de Gm)*

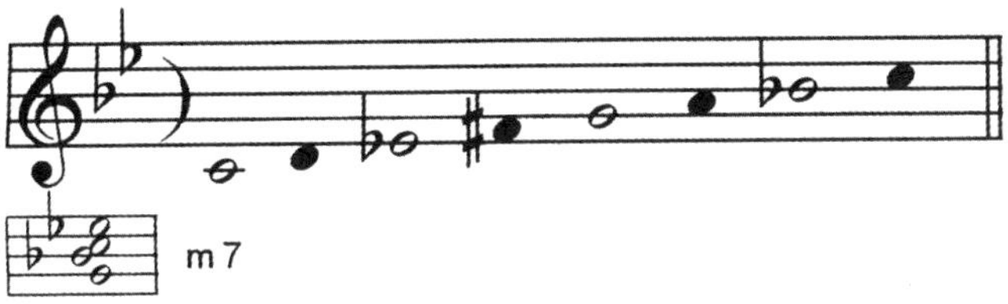

C♯ (D♭) *(IV de G♯m)*

D *(IV de Am)*

D♯ *(IV de A♯m)*

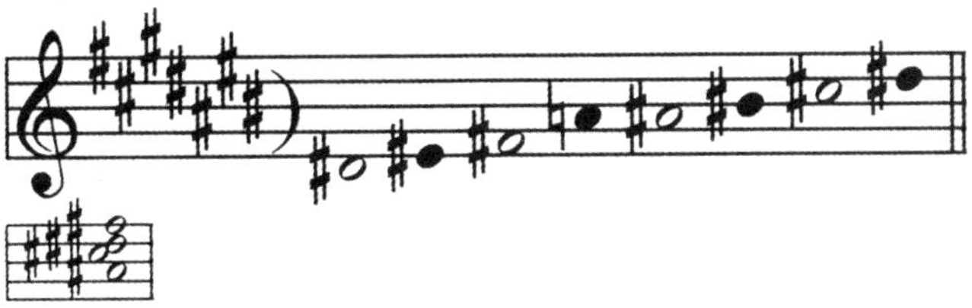

E♭ *(IV de B♭m)*

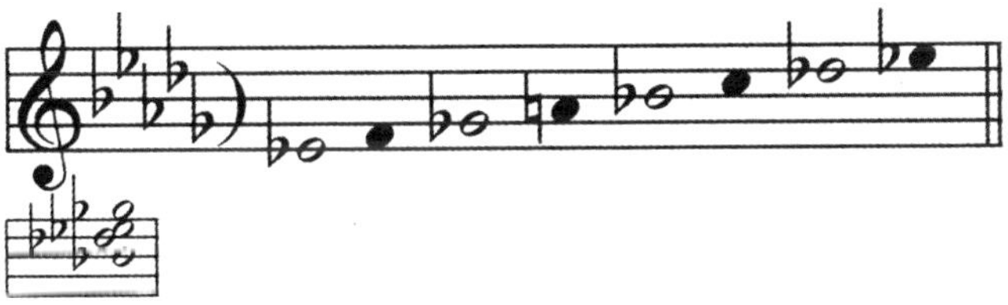

E *(IV de Bm)*

F *(IV de Cm)*

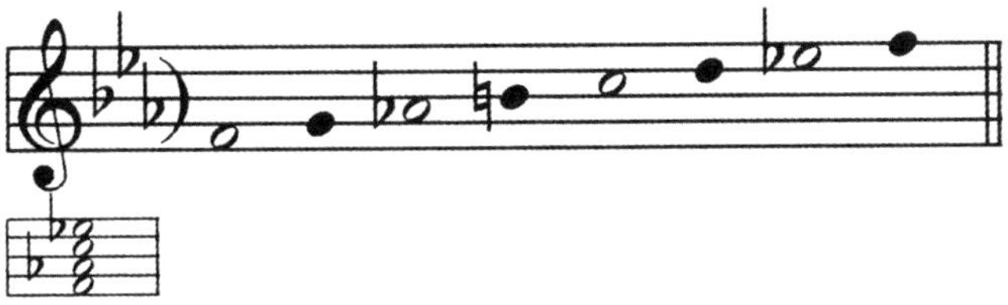

F♯ (G♭) *(IV de C♯m)*

G *(IV de Dm)*

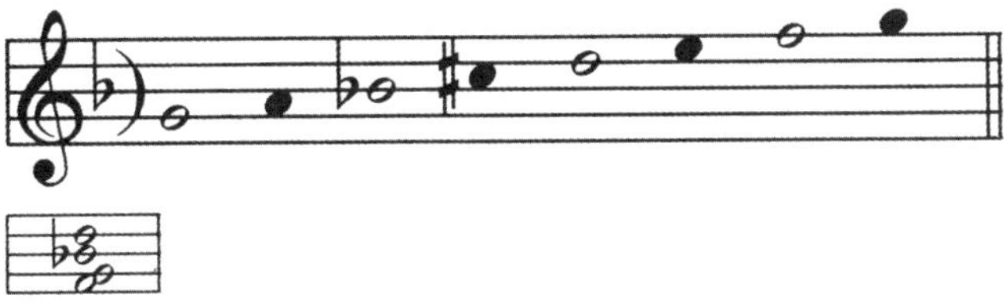

G♯ *(IV de D♯m)*

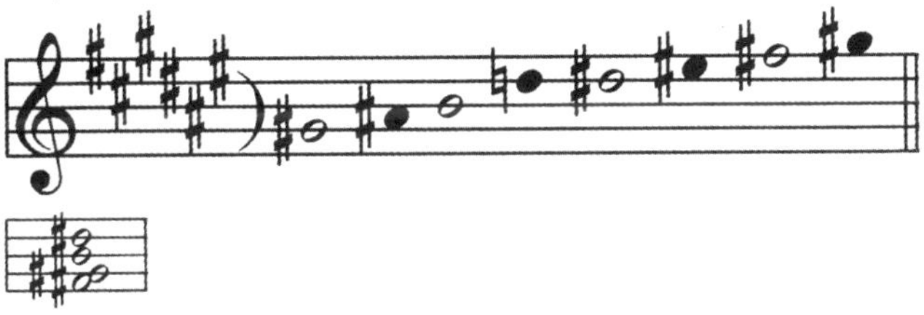

A♭ *(IV de E♭m)*

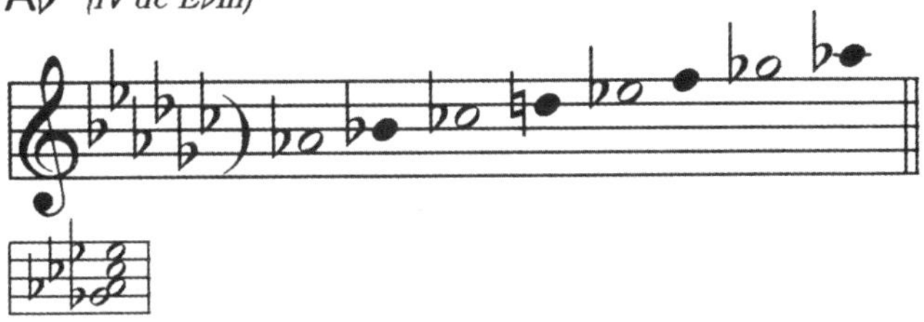

A *(IV de Em)*

B♭ *(IV de Fm)*

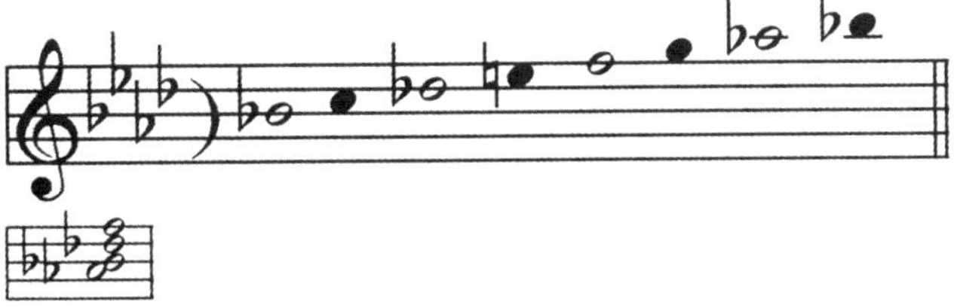

B *(IV de F♯m)*

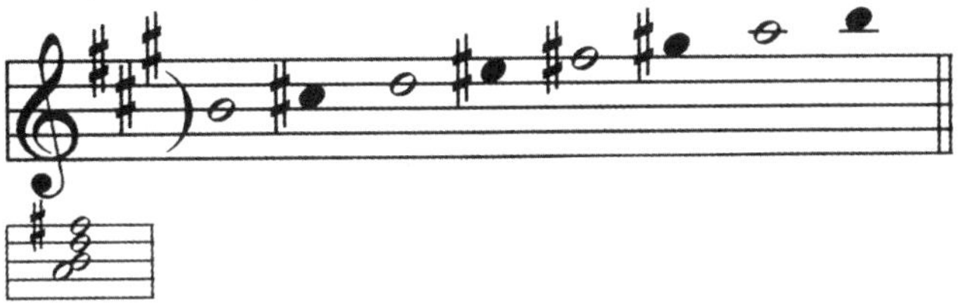

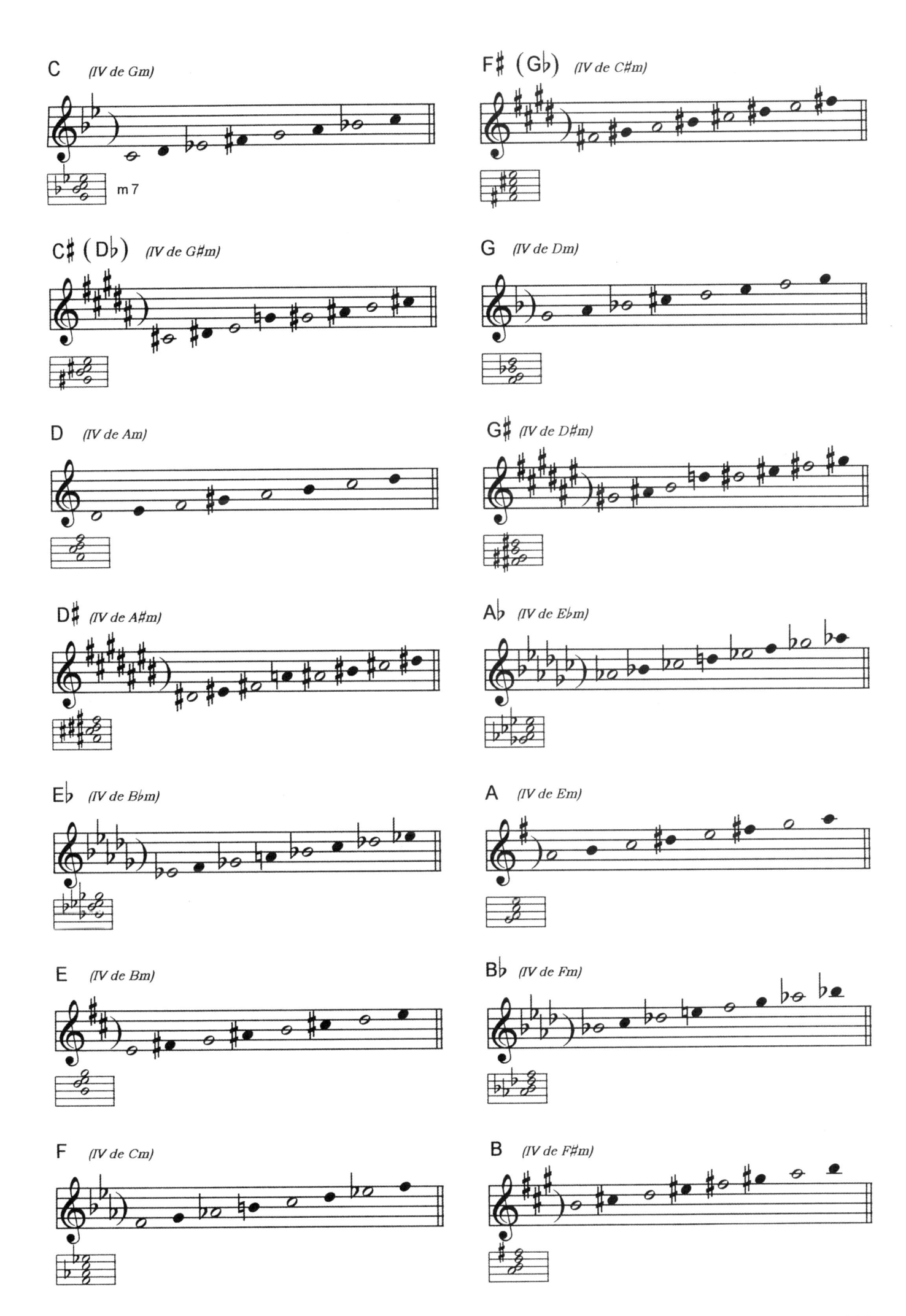

Escala do 5º Modo da Menor Harmônica

Origem
V grau (dominante) da escala Menor Harmônica.

Formação
Três tons, três semitons e uma 2ª aumentada - st 2ªa st t st t t. Exemplo em C (V grau de F menor).

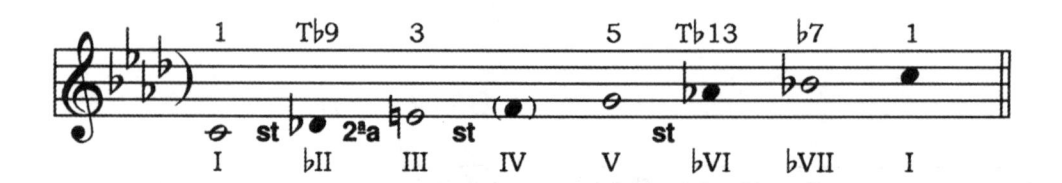

Aplicação
A escala do 5º Modo da escala Menor Harmônica é usada no acorde dominante 7ª com 9ª menor, podendo ter a 13ª menor. Sua aplicação mais recomendada é especialmente no acorde 7(♭9 ♭13) sem a 11ª, que é muito executado como dominante resolvendo para menor.

$$7(\flat 9),\ 7\binom{\flat 9}{\flat 13}$$

Análise Alternativa
▶ Escala Frígia com a 3ª elevada em um semitom.

Observações
▶ É também denominada de escala Espanhola.

▶ A quarta nota (4ª justa) é a evitar e pede resolução na 3ª maior.

▶ A escala mais recomendada para os acordes 7(♭9) é a Diminuta Semitom-Tom.

▶ Se o acorde dominante tiver 9ª menor, 11ª e 13ª maior, formando o acorde 7(♭9 11 13), a escala correta é a Dórica 2ª Menor.

C *(V de Fm)*

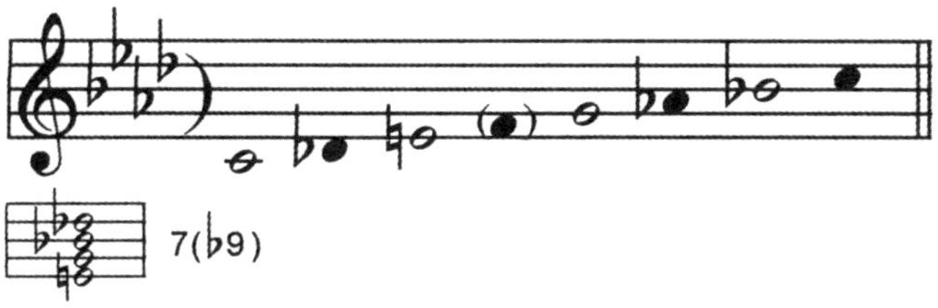

C♯ *(V de F♯m)*

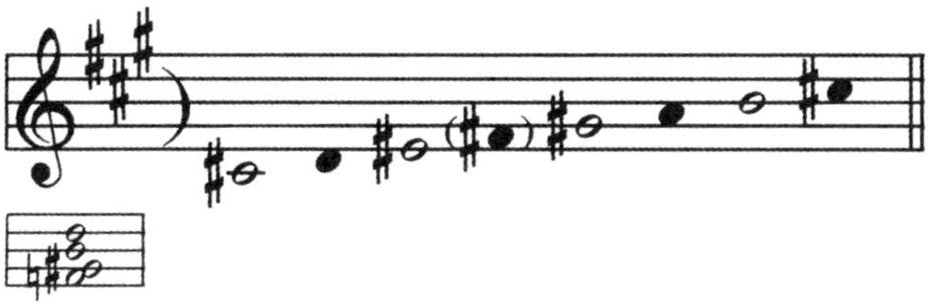

D *(V de Gm)*

D♯ *(V de G♯m)*

E♭ *(V de A♭m)*

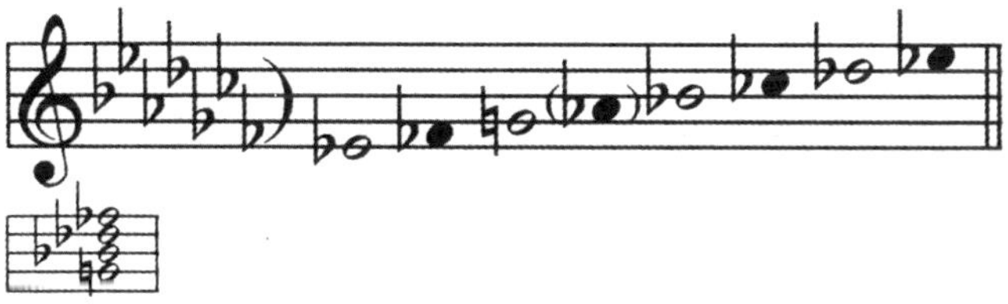

E *(V de Am)*

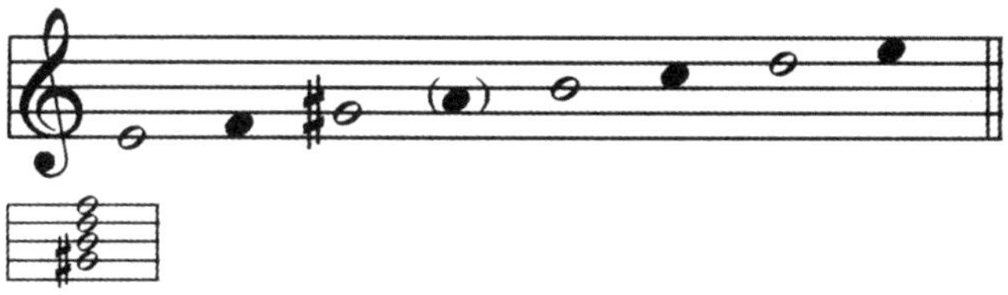

F *(V de B♭m)*

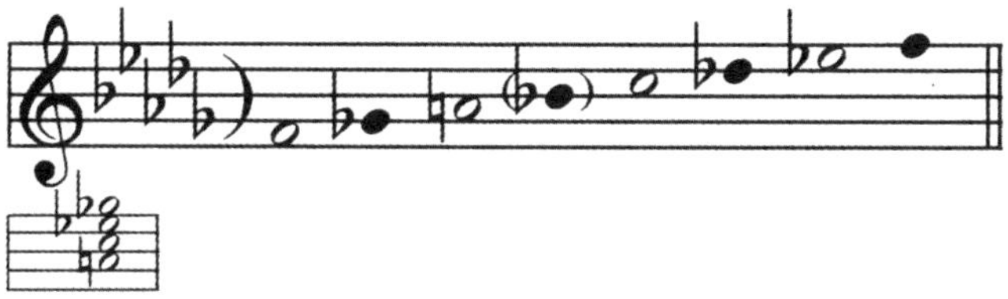

F♯ *(V de Bm)*

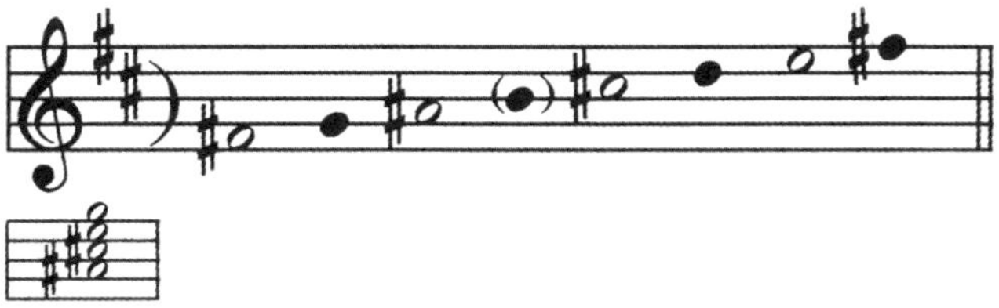

G *(V de Cm)*

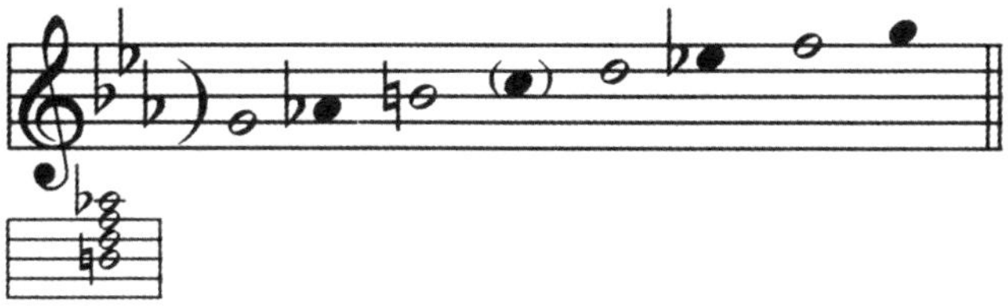

G♯ (A♭) *(V de C♯m)*

A *(V de Dm)*

A♯ *(V de D♯m)*

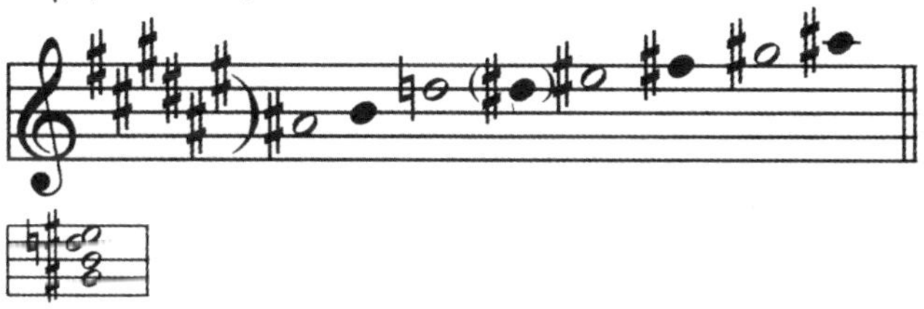

B♭ *(V de E♭m)*

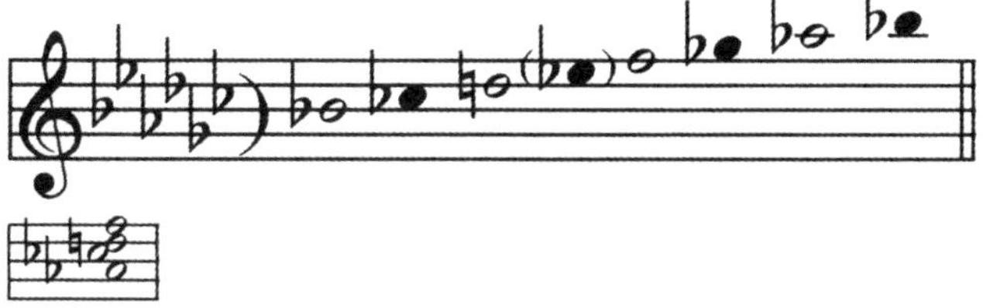

B *(V de Em)*

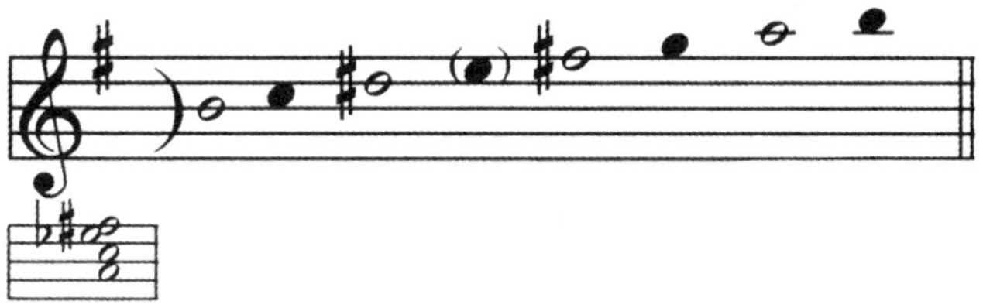

Escala do 6º Modo da Menor Harmônica

Origem
VI grau (maior) da escala Menor Harmônica.

Formação
Três tons, três semitons e uma 2ª aumentada - 2ªa st t st t t st. Exemplo em C (VI grau de Em).

Aplicação
A escala do 6º Modo da escala Menor Harmônica é usada como opção, exclusivamente, no acorde maior com 7ª maior.

$$\boxed{M7}$$

Análise Alternativa
▸ Escala Lídia com o II grau elevado em um semitom.

Observações
▸ A tônica choca com a 7ª maior do acorde, nas diversas inversões, e pede resolução para a mesma.

▸ A escala mais recomendada para o acorde M7 é a Jônica.

▸ Quando a 9ª está presente no acorde, a escala torna-se impraticável, devido aos choques.

▸ Pode ser perfeitamente aplicada sobre o poliacorde B/CM7 (si maior sobre dó com 7ª maior), que poderia ser mais precisamente cifrado como CM7(♯9 ♯11).

C   (VI de Em)

M 7

G♭   (VI de B♭m)

D♭ (C♯)   (VI de Fm)

G   (VI de Bm)

D   (VI de F♯m)

A♭ (G♯)   (VI de Cm)

E♭   (VI de Gm)

A   (VI de C♯m)

E   (VI de G♯m)

B♭   (VI de Dm)

F   (VI de Am)

B   (VI de D♯m)

F♯   (VI de A♯m)

Escala do 7º Modo da Menor Harmônica

Origem
VII grau (diminuto) da escala Menor Harmônica. Este modo possui choques desagradáveis e deve ser evitado. Porém, é aqui apresentado para efeito de pesquisa e por ser o que conclui a série dos modos gerados pela Menor Harmônica. Esta é uma escala praticamente sem aplicação, e sua análise apresenta diversos problemas de enarmonia, que demandariam acidentes dobrados na armadura de clave (a qual foi aqui suprimida). A escala de C seria de B#, de forma que sua 3ª menor fosse a nota ré#.

Formação
Três tons, três semitons e uma 2ª aumentada - st t st t t st 2ªa. Exemplo em C (VII grau de C# menor). Acidentes escritos com bemóis.

Aplicação
A escala do 7º Modo da escala Menor Harmônica pode ser usada como opção, exclusivamente, no acorde diminuto.

dim, º, º7

Análise Alternativa
▶ Escala Super Lócria com o VII grau abaixado em um semitom.

Observações
▶ Esta escala possui choques na segunda, quarta e sexta notas, devendo ser evitada.

▶ A mais recomendada para o acorde dim7 é a Diminuta Tom-Semitom.

C *(VII de C♯m)*

C♯ (D♭) *(VII de Dm)*

D *(VII de E♭m)*

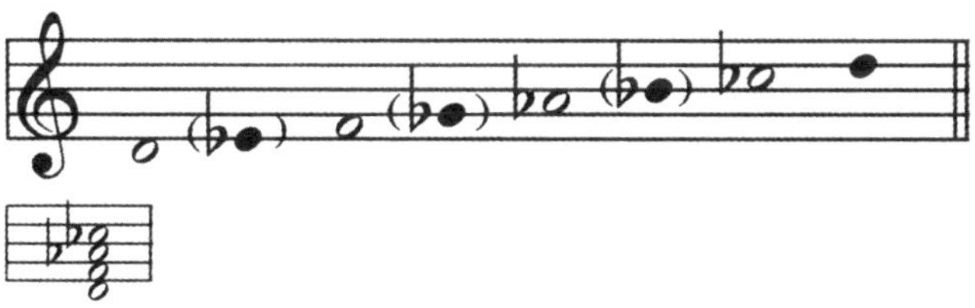

D♯ (E♭) *(VII de Em)*

E *(VII de Fm)*

F *(VII de F♯m)*

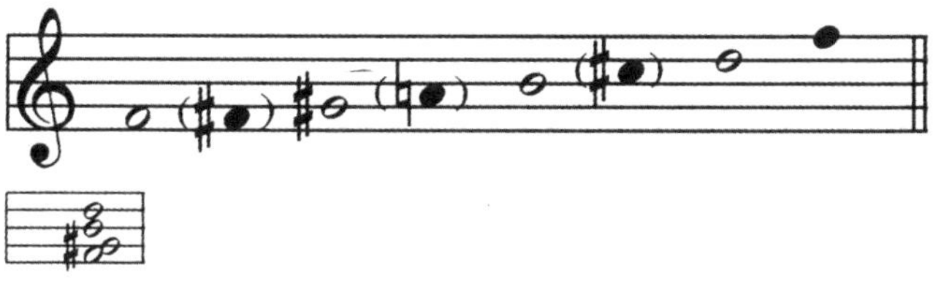

F♯ *(VII de Gm)*

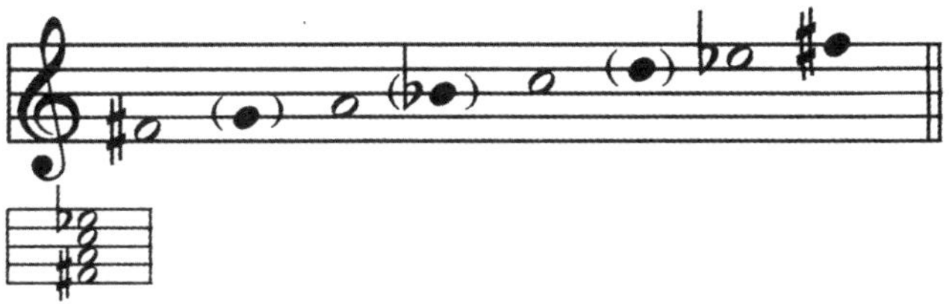

G *(VII de A♭m)*

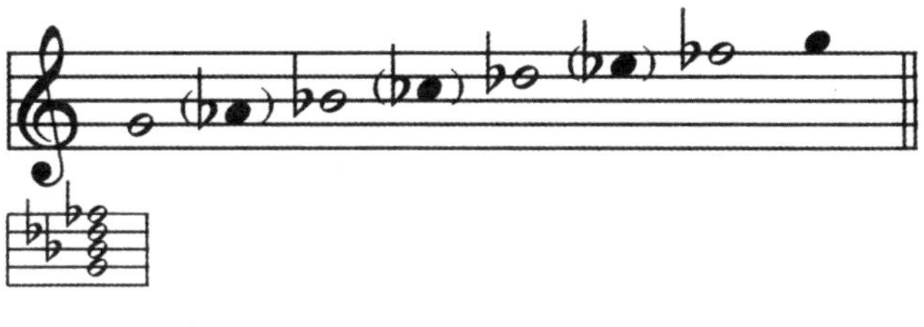

G♯ (A♭) *(VII de Am)*

A *(VII de B♭m)*

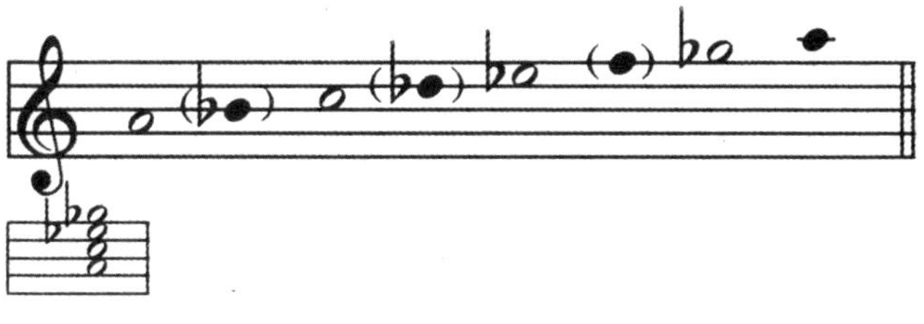

A♯ (B♭) *(VII de Bm)*

B *(VII de Cm)*

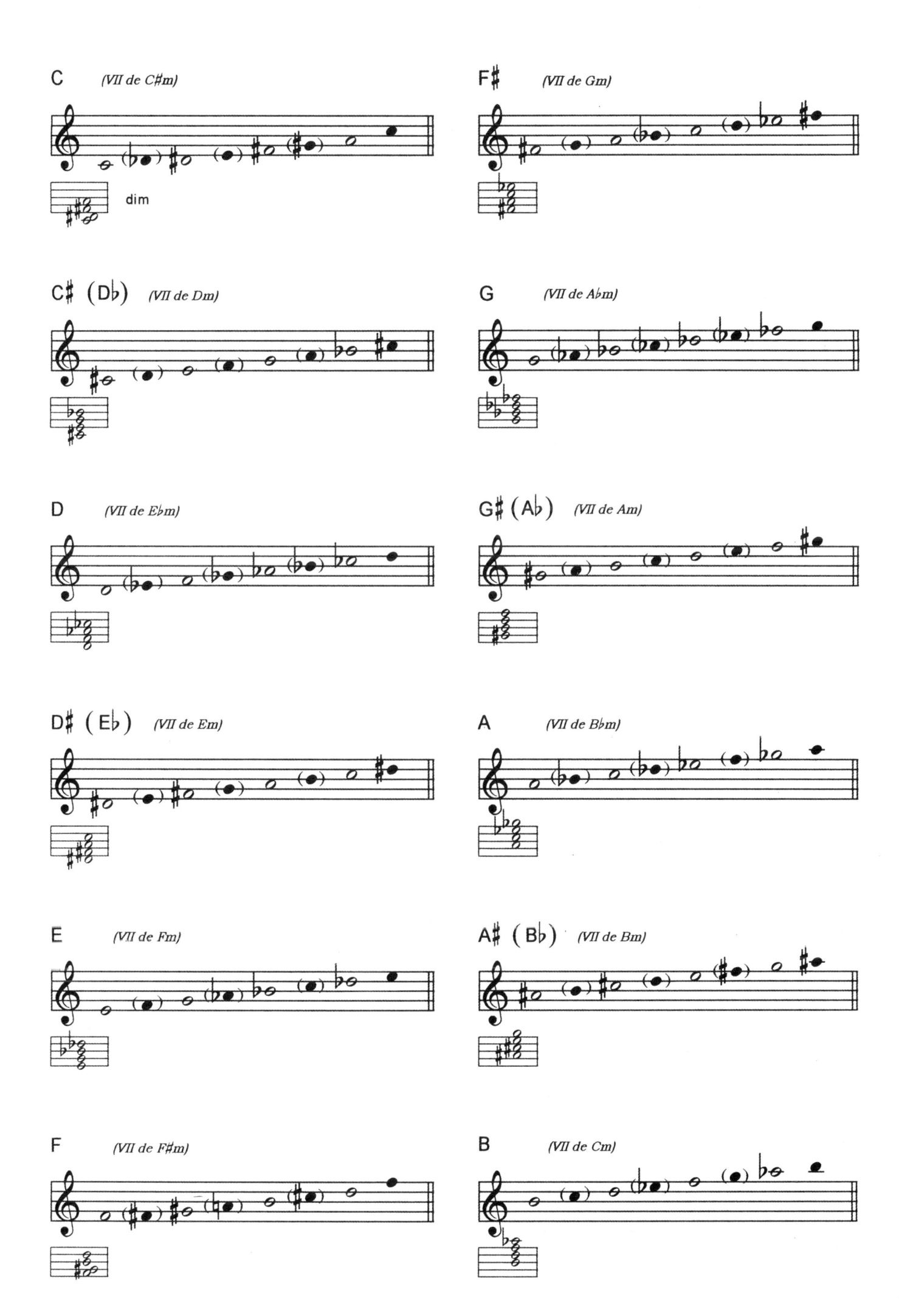

Modos da Escala Menor Harmônica Seguidos

Os acordes básicos são formados pelas notas brancas.

Tom de C m

C m(M7) Menor harmônico — Im(M7)
D m7(♭5) 2º modo men. harm. — IIm7(♭5)
E♭M7(♯5) 3º modo men. harm. — ♭IIIM7(♯5)
F m7 4º modo men. harm. — IVm7
G 7 5º modo men. harm. — V7
A♭M7 6º modo men. harm. — ♭VIM7
B dim 7º modo men. harm. — VIIdim

Tom de C♯m

C♯m(M7) — Im(M7)
D♯m7(♭5) — IIm7(♭5)
E M7(♯5) — ♭IIIM7(♯5)
F♯m7 — IVm7
G♯7 — V7
A M7 — ♭VIM7
C dim — VIIdim

Tom de D m

D m(M7) — Im(M7)
E m7(♭5) — IIm7(♭5)
F M7(♯5) — ♭IIIM7(♯5)
G m7 — IVm7
A 7 — V7
B♭M7 — ♭VIM7
C♯dim — VIIdim

Tom de E♭m

E♭m(M7) — Im(M7)
F m7(♭5) — IIm7(♭5)
G♭M7(♯5) — ♭IIIM7(♯5)
A♭m7 — IVm7
B♭7 — V7
B M7 — ♭VIM7
D dim — VIIdim

Tom de E m

| Em(M7) | F#m7(b5) | GM7(#5) |
| Im(M7) | IIm7(b5) | bIIIM7(#5) |

| Am7 | B7 | CM7 | D#dim |
| IVm7 | V7 | bVIM7 | VIIdim |

Tom de F m

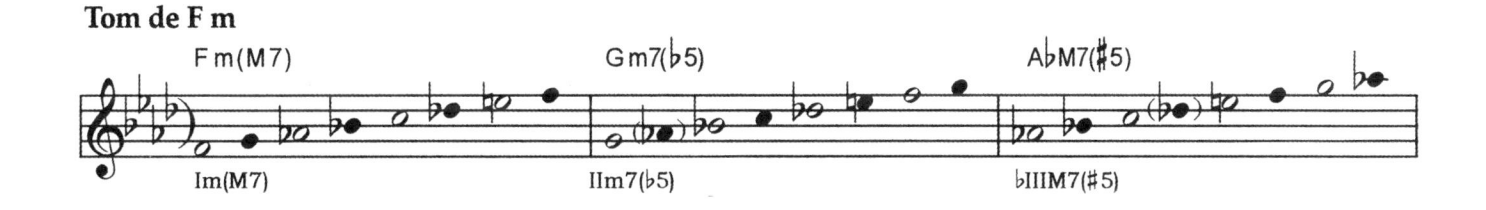

| Fm(M7) | Gm7(b5) | AbM7(#5) |
| Im(M7) | IIm7(b5) | bIIIM7(#5) |

| Bbm7 | C7 | DbM7 | Edim |
| IVm7 | V7 | bVIM7 | VIIdim |

Tom de F# m

| F#m(M7) | G#m7(b5) | AM7(#5) |
| Im(M7) | IIm7(b5) | bIIIM7(#5) |

| Bm7 | C#7 | DM7 | Fdim |
| IVm7 | V7 | bVIM7 | VIIdim |

Tom de G m

| Gm(M7) | Am7(b5) | BbM7(#5) |
| Im(M7) | IIm7(b5) | bIIIM7(#5) |

| Cm7 | D7 | EbM7 | F#dim |
| IVm7 | V7 | bVIM7 | VIIdim |

Tom de A♭m

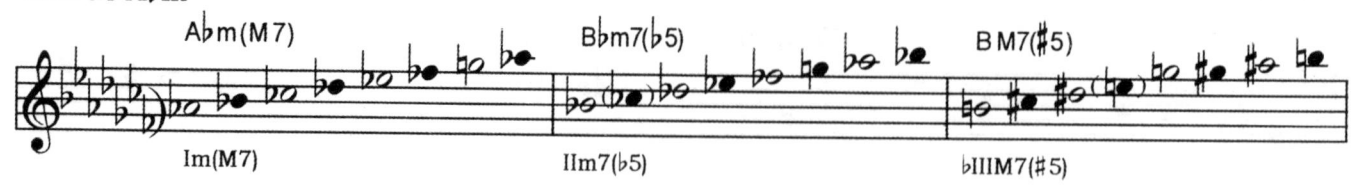

Im(M7): A♭m(M7) — **IIm7(♭5)**: B♭m7(♭5) — **♭IIIM7(♯5)**: BM7(♯5)

IVm7: D♭m7 — **V7**: E♭7 — **♭VIM7**: EM7 — **VIIdim**: Gdim

Tom de Am

Im(M7): Am(M7) — **IIm7(♭5)**: Bm7(♭5) — **♭IIIM7(♯5)**: CM7(♯5)

IVm7: Dm7 — **V7**: E7 — **♭VIM7**: FM7 — **VIIdim**: G♯dim

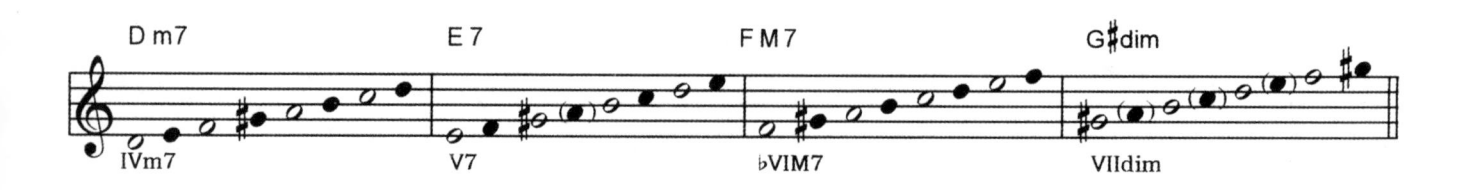

Tom de B♭m

Im(M7): B♭m(M7) — **IIm7(♭5)**: Cm7(♭5) — **♭IIIM7(♯5)**: D♭M7(♯5)

IVm7: E♭m7 — **V7**: F7 — **♭VIM7**: G♭M7 — **VIIdim**: Adim

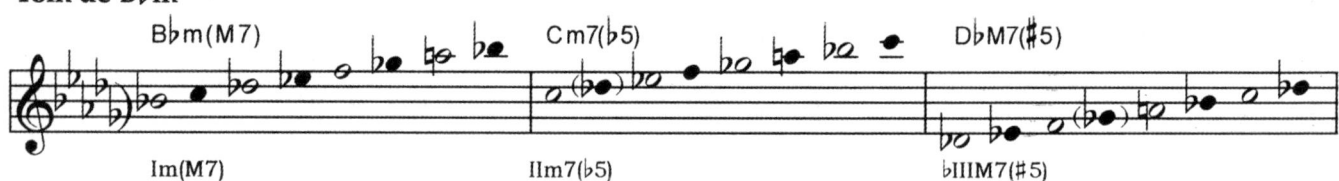

Tom de Bm

Im(M7): Bm(M7) — **IIm7(♭5)**: C♯m7(♭5) — **♭IIIM7(♯5)**: DM7(♯5)

IVm7: Em7 — **V7**: F♯7 — **♭VIM7**: GM7 — **VIIdim**: A♯dim

PARTE 8

ESCALAS DIVERSAS
SUBSTITUIÇÃO DE ACORDES
METODOLOGIA DE ESTUDO
EXERCÍCIOS COM ESCALAS E ENCADEAMENTOS
IMPROVISOS

ESCALAS DIVERSAS

As seguintes escalas pertencem ao vocabulário da música mundial, de várias épocas. A última nota é repetição da tônica, e são aqui apresentadas na tonalidade de C:

Escala Maior Harmônica

Pode ser executada sobre o acorde híbrido (sem forma de cifragem definida) M7(♭6 5), que no tom de C é formado pelas notas dó (baixo), lá♭, si, mi, sol. Este acorde é um bom substituto dos acordes maiores com 7ª maior convencionais.

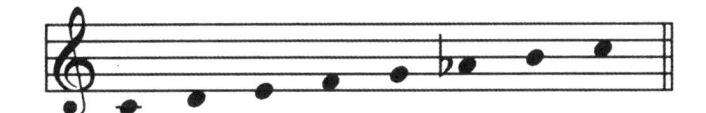

Escala Pelog

Escala pentatônica usada também em improvisação sobre base modal. É originada por um dos padrões de afinação dos sistemas da música javanesa.

Escala Húngara Menor

Também denominada de escala Oriental.

Escala Enigmática

Possui sonoridade exótica e misteriosa quando executada seguidamente em forma de "cascata" descendente. É construída com uma mistura de cromática com tons inteiros.

Escala Napolitana

Escala utilizada sobre o acorde modificado do IV grau da escala maior (em cadências IV-V-I). Aqui, trata-se do acorde com substituições na estrutura: a 3ª e a 6ª passam a ser menores. Por exemplo, o acorde do IV grau de CM passa a ter as notas fá, lá♭ e ré♭, ao invés de fá, lá, dó. Esta escala foi muito difundida na segunda metade do século XVII.

Escala Chinesa

Escala Pentatônica que pode ser vista como uma Lídia sem o II e o VI graus.

Escala Japonesa In-Sen

Existe controvérsia a respeito do nome desta escala pentatônica, devido à dificuldade de precisão na tradução do sistema musical japonês. Trata-se de uma sonoridade muito especial, que pode ser utilizada no acorde Frígio ou sus4(♭9 ♭13). Alguns solistas chamam de escala Kumoi e, em algumas referências, aparece com a quinta nota um tom acima.

SUBSTITUIÇÃO DE ACORDES

Nesta parte são apresentadas algumas possibilidades de substituição de acordes, de forma que a harmonização possa ser enriquecida. Na maioria dos casos, a escala a ser executada é a mesma que para as harmonias originais.

Substituição de Dominantes

Dependendo da cadência, os diversos tipos de acordes dominantes (V) são intercambiáveis, o que permite ao solista buscar novas sonoridades. Por sua vez, o acompanhante deverá ajustar a harmonização, conforme forem surgindo novos caminhos. O seguinte exemplo, de variações de acordes do V grau (no tom de G), demonstra diversas possibilidades de substituições e vem a ser, inclusive, um ótimo exercício, devendo ser transposto para todos os tons. Os acordes de acompanhamento estão escritos na clave de sol, e os baixos (raízes) são sempre a nota sol.

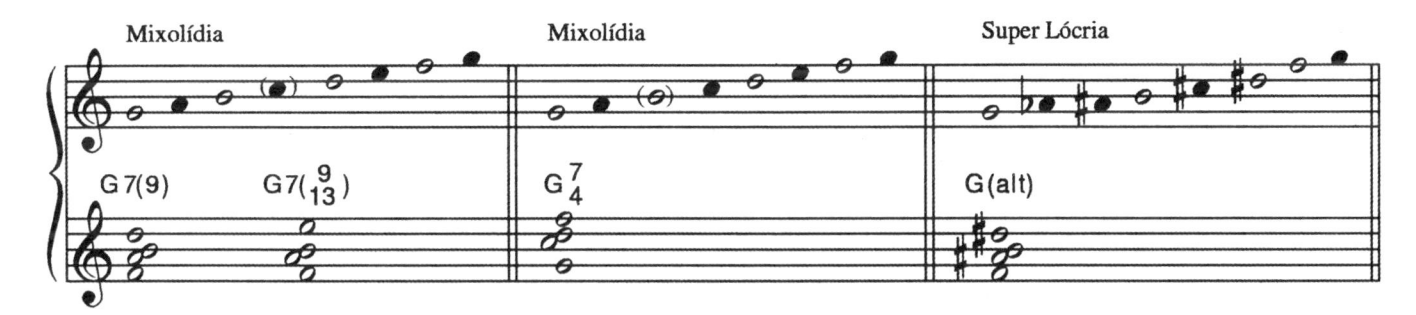

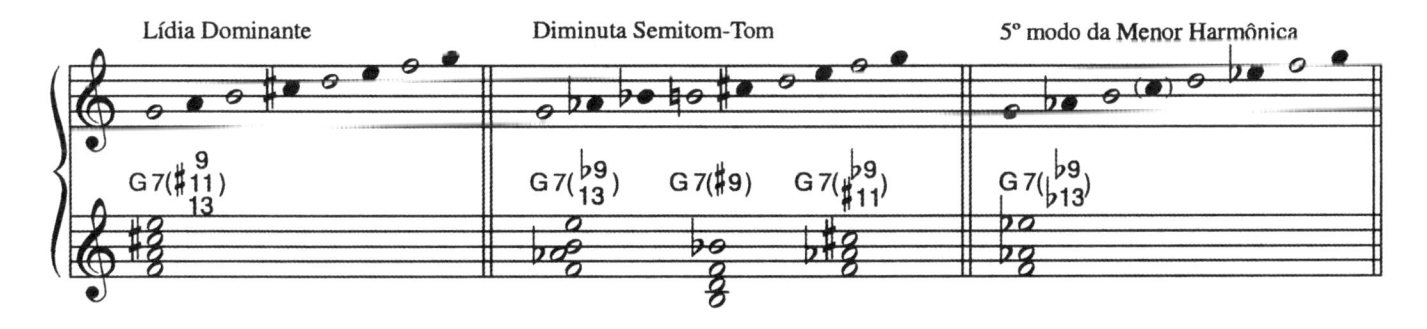

Substituição de Trítonos

Na música de improvisação (pop ou jazz), o contrabaixista desenvolve verdadeiras melodias ("passeando" pelas escalas dos acordes, além de 3ªs e 5ªs) e também substitui tensões (V) por trítonos correspondentes. Um acorde de 7ª dominante preparando para uma tônica maior ou menor (V-I) pode ser substituído pelo acorde de 7ª dominante, localizado um trítono (três tons ou 5ª diminuta) abaixo ou acima, como demonstram os exemplos a seguir, no tom de C:

Resolvendo em Maior			**Resolvendo em Menor**		
IIm7	V7	I	IIm7(♭5)	V7	I
Dm7	G(alt)	C	Dm7(♭5)	G7(♭9)	Cm
	|			|	
	SubV			SubV	
	D♭7(♯11)			D♭7(♯11)	

No acorde substituto 7(♯11), a escala a ser executada é a Lídia Dominante que, no exemplo dado (D♭), tem as notas: réb, mib, fá, sol, láb, sib e si. Também pode ser executada a Super Lócria do tom encontrado um trítono acima ou abaixo do substituto que, neste exemplo (G), tem as notas: sol, láb, sib, si, réb, mib, fá. A Lídia Dominante e a Super Lócria possuem os mesmos sons, porém partem de diferentes notas, com a relação de um trítono de diferença entre elas.

Substituição de Dominante por Diminuto

Em uma progressão CM7   A7(♭9)   Dm7, o segundo acorde (dominante) pode ser substituído pelo C♯°, pois ambos dividem as mesmas notas (lá, sib, dó, dó♯, ré, mi, fá♯, sol), embora tenham baixos diferentes (ver escala Diminuta Tom-Semitom, p. 74).

Substituição IIm7

Qualquer acorde de 7ª dominante (V grau) pode ser precedido de um menor com 7ª, localizado uma 4ª justa abaixo. Dividindo o mesmo tempo, onde havia um único acorde, é criada uma cadência IIm7-V7. Se o acorde dominante for com 7ª e 13ª, e o menor introduzido com 7ª sem alteração na 5ª, a única escala a utilizar será a Mixolídia, que tem os mesmos sons que a Dórica.

Substituição do Acorde Convencional pelo Acorde de Quarta

Harmonias de quartas são frequentemente usadas na música moderna e foram introduzidas, sobretudo, por pianistas como MaCoy Tyner e Herbie Hancock. Consistem na utilização de acordes construídos em intervalos de 4ªˢ. Pode-se considerar, a respeito de suas formações, como sendo acordes convencionais com notas suprimidas (geralmente a 5ª). As escalas a utilizar são as mesmas que as dos acordes originais e a diferença é que a harmonia soa mais espaçada. Diversas harmonias podem ser substituídas por acordes deste gênero:

> **m7** – por acordes de duas ou três 4ªˢ superpostas a partir da raiz.
> Exemplo: dó (raiz), fá, sib, mib.

> **m6 e M6** – por acordes de duas a três 4ªˢ superpostas a partir da 3ª.
> Exemplos: dó (raiz), mib, lá, ré, sol e dó (raiz), mi, lá, ré,
> sol. No caso do acorde menor, a primeira 4ª é aumentada.

> **7ª** – por acordes de duas ou três 4ªˢ superpostas a partir da 7ª menor.
> Exemplo: dó (raiz), sib, mi, lá, ré.

METODOLOGIA DE ESTUDO

Nesta parte, estão incluídos diversos exercícios mas, primeiramente, é necessário adotar uma metodologia que garanta a assimilação das escalas em todos os tons, bem como o aprendizado dos recursos melódicos e rítmicos disponíveis para improvisação. Praticando diariamente, o estudante desenvolverá seu conhecimento geral de escalas para que os improvisos se desenvolvam com mais fluência. Paralelamente, deve ser desenvolvida a parte técnica, por intermédio de métodos específicos dedicados ao seu instrumento.

Estudando em Todos os Tons

Os exercícios serão apresentados geralmente no tom de C, mas devem ser executados nos doze tons. Para tal, use as seguintes sequências:

- Cada semitom ascendente: C D♭ D E♭ E F F♯ G A♭ A B♭ B

- Cada semitom descendente: C B B♭ A A♭ G G♭ F E E♭ D D♭

- Cada tom ascendente: C D E F♯ A♭ B♭ e D♭ E♭ F G A B

- De 3ª menor em 3ª menor: C E♭ G♭ A, D♭ E G B♭ e D F A♭ B

- Seguindo o ciclo da 4ªˢ ascendentes ou 5ªˢ descendentes, de acordo com o gráfico:

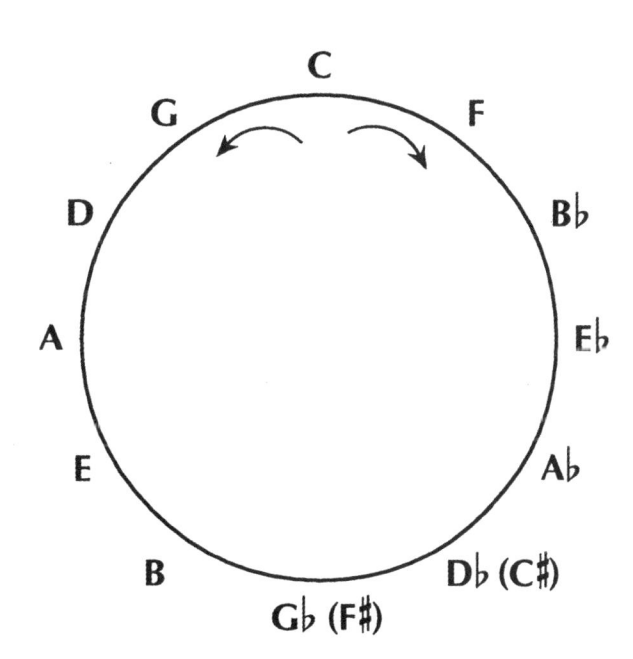

Padrões Rítmicos para o Estudo de Escalas

Aplique os seguintes padrões rítmicos aos exercícios, explorando toda a extensão e as articulações que seu instrumento permitir, na região de solo. Exemplo com a escala Jônica em C:

Padrões Melódicos para o Estudo de Escalas

Aplique os seguintes padrões melódicos nos exercícios, pois ajudam a decorar as notas e, simultaneamente, a desenvolver a técnica. Quando a escala tiver menos do que sete notas, execute até sua nota mais alta. A escala deste exemplo é a Jônica, no tom de C. Estes padrões não possuem compasso definido, mas é importante que as notas sejam executadas seguidamente, mantendo o andamento em cada série, sem acelerar ou atrasar. Utilize um metrônomo ou bateria eletrônica para dar a guia de tempo. Inicie lentamente e acelere o andamento, gradativamente, a cada série de exercícios.

Como sugere o padrão número oito, após estudar as escalas com os demais padrões apresentados, crie variações livres com as notas das escalas. Este é o primeiro passo para a improvisação. Observe as escalas que têm notas a evitar e execute-as sempre em tempo fraco (como nota de passagem).

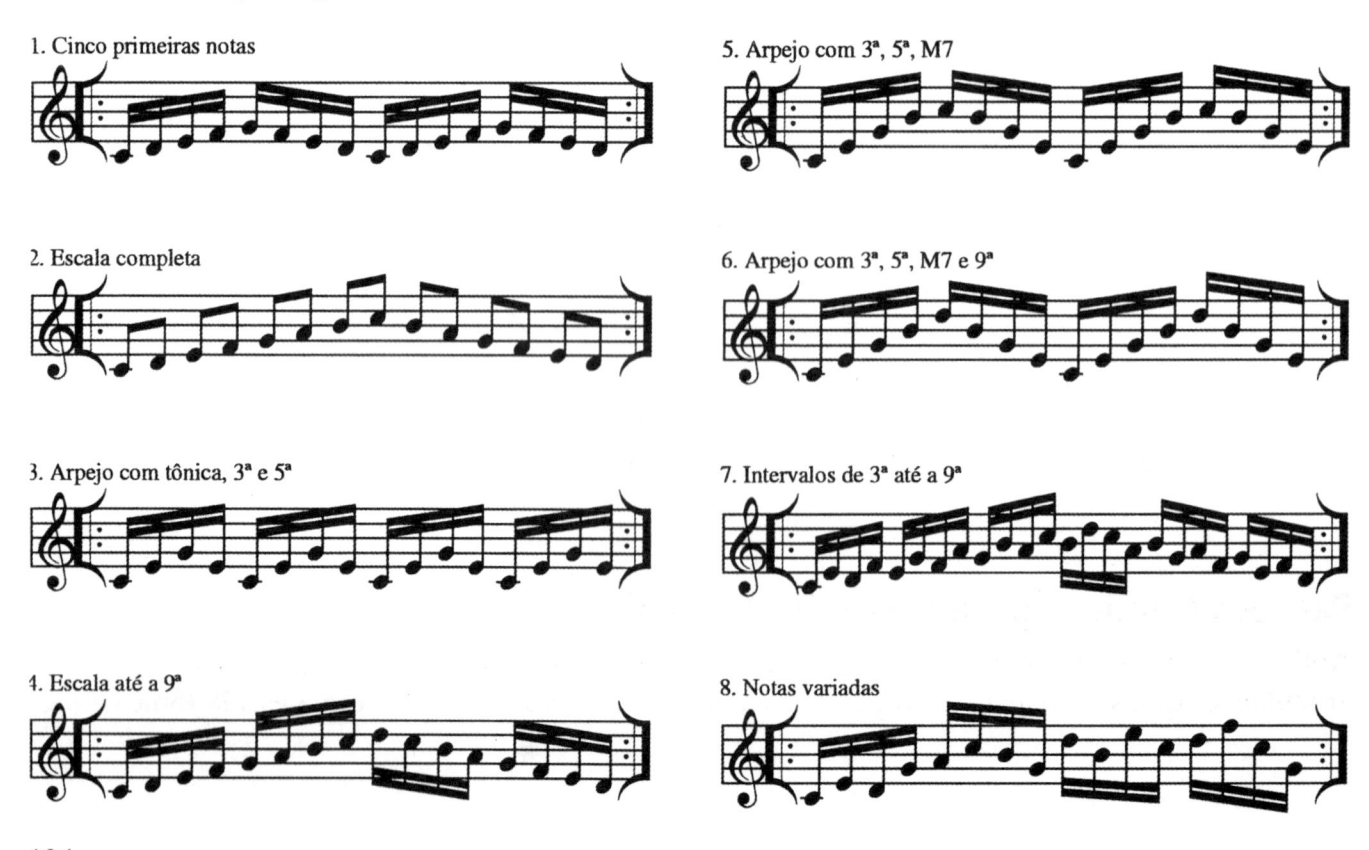

EXERCÍCIOS COM ESCALAS E ENCADEAMENTOS

Exercício com Escalas Principais

Estude as escalas principais (mais utilizadas), seguindo os padrões rítmicos e melódicos sugeridos. Caso seu instrumento também seja de harmonia, execute os acordes correspondentes para ter noção exata da sonoridade com suas tensões. Lembre-se que, neste livro, as notas brancas nas escalas servem, na maioria dos casos, como guia do acorde básico. Consulte o Dicionário de Acordes Para Piano e Teclados para esclarecer dúvidas sobre todos os acordes e suas respectivas inversões.

Todas as escalas devem ser praticadas. Frequentemente, a utilização de uma escala incomum é justamente o que faz com que um improvisador se destaque perante os demais. Mas o estudante pode se concentrar, no princípio, nos exercícios com as escalas principais:

> Jônica, Dórica, Mixolídia, Lócria, Menor Melódica, Lócria 2ª Maior,
> Super Lócria, Lídia Dominante, Diminuta Tom-Semiton,
> Diminuta Semitom-Tom, de Blues e Pentatônicas Maior/Menor.

Exercícios com Escalas Dominantes

Execute, nos padrões sugeridos, todas as escalas dominantes, seguidamente, para assimilar suas sonoridades e dedilhados. Assim, será possível trocar entre uma e outra, dependendo da harmonia executada.

1. Mixolídia
   C7(9) Csus

2. Super Lócria
   C7(alt)

3. Diminuta Semitom-Tom
   C7(b9)

4. Lídia Dominante
   C7(#11)

5. Tons Inteiros
   C7(b5) C7(#5)

6. Frígia
   C(Frígio) Csus(b9)

7. Dórica 2ª menor
   Csus(b9 13)

8. Cromática
   C7

Veja notas a evitar na escala Mixolídia (p. 30), quando aplicada nos acordes sus4. As escalas 6 e 7 (Frígia e Dórica 2ª Menor) possuem sonoridades características de dominante e podem ser aplicadas nos acordes Frígio e sus4(♭9).

Exercícios com Pentatônicas

Estude todas as pentatônicas de quatro em quatro notas, passando pelas cinco inversões, em todos os tons, com os padrões rítmicos sugeridos, estendendo por toda a região de solo possível do instrumento. Exemplo com a Pentatônica Maior de C, em duas oitavas:

Exercícios com Escala de Blues

Execute a escala de Blues com quatro, cinco e seis notas, em todos os tons, com diversos ritmos. Em seguida, execute as seis notas na extensão de uma e duas oitavas. Exemplo em C:

1. Quatro notas

2. Cinco notas

3. Seis notas

4. Seis notas em uma oitava

5. Seis notas em duas oitavas

Exercícios com Encadeamento IIm-V7-I Resolvendo em Maior

Estas são cadências II-V-I com diversas preparações (II) encontradas em vários estilos da música popular. Dominando estes exercícios, o músico solista terá uma boa base para improvisar sobre diversas músicas. Exercite em todas as tonalidades, com os padrões rítmicos e melódicos sugeridos. Experimente cada exercício com todas as dominantes, ou seja: o exercício 1 com as dominantes 1 a 7; em seguida, o exercício 2 com as dominantes 1 a 7, e assim por diante.

#	Preparação		Tensão		Resolução	
1	Dm — Dórica	IIm7	G7 G7(13) — Mixolídia	V7	CM7 — Jônica	I
2	G7/4 — Mixolídia	V7/4	G7(♯5/♯9) — Super Lócria	V7(♯5♯9)	CM7 — Jônica	I
3	F — Lídia	IV	G(Frígio) Gsus(♭9) — Frígia	V7sus(♭9)	CM7 — Jônica	I
4	A♭7 — Lídia Dominante	♭VI7	G7(♭13) G7(♯5) — Tons Inteiros	V7(♯5)	CM7 — Jônica	I
5	D7 — Mixolídia	V7/V	Gsus(♭9) — Dórica 2ª menor	V7sus(♭9)	CM7 — Jônica	I
6	A♭m6 — Menor Melódica	♭VIm6	G7(♯11) — Lídia Dominante	V7(♯11)	CM7 — Jônica	I
7	F♯dim — Diminuta Tom-Semitom	♯IVdim	G7 — Mixolídia	V7	CM7 — Jônica	I

Note que na cadência 1, as três escalas possuem os mesmos sons, donde se conclui que neste tipo de encadeamento, pode-se pensar em apenas uma escala (Dórica, Mixolídia ou Jônica). Experimente substituir os acordes dominantes (V7) pelo trítono (SubV) que, nestes exercícios, corresponde ao acorde D♭7(#11). Ver substituição de trítonos, p. 121.

Exercícios com Encadeamento IIm-V7-I Resolvendo em Menor

Idêntico ao exercício anterior, resolvendo em acorde menor. Na preparação (II) das cadências IIm-V7-Im, inclui-se o acorde m7(♭5), no qual podem ser utilizadas as escalas Lócria 2ª maior (quando tem a 9ª) ou a Lócria. Exercite em todas as tonalidades, com os padrões rítmicos e melódicos sugeridos. Experimente cada exercício com todas as dominantes e substituição de trítonos.

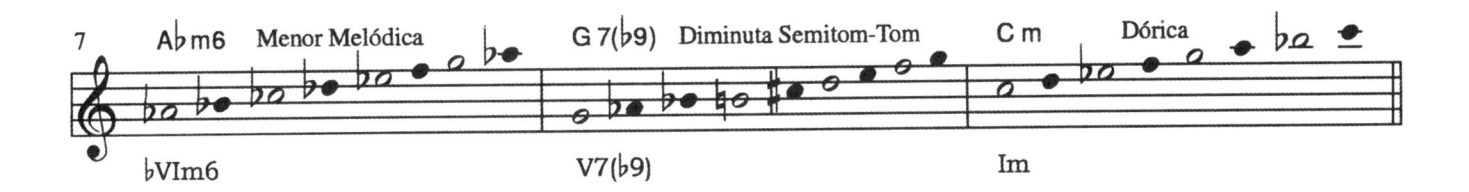

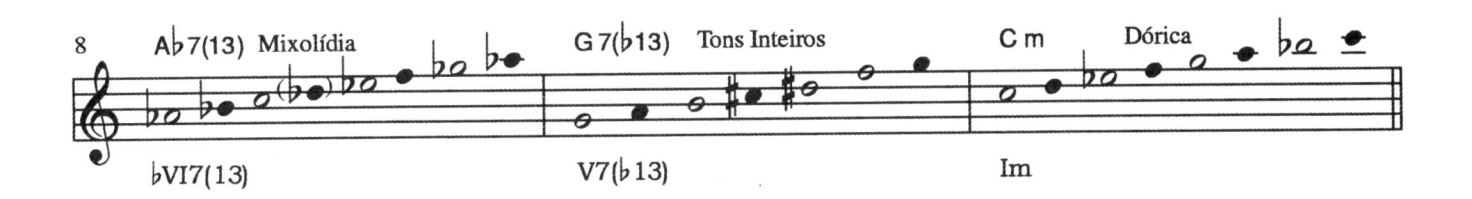

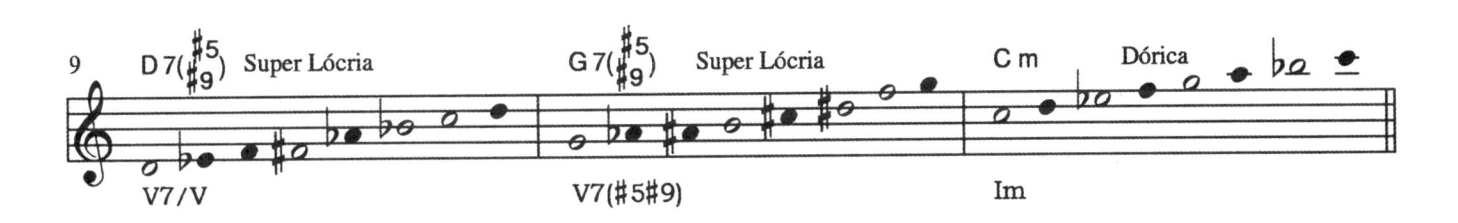

Exercícios de Cromatismo

1. Usando a extensão máxima do seu instrumento, exercite a escala cromática (subindo e descendo), aplicando os padrões rítmicos sugeridos nas páginas 123 e 124.

2. Exercício de técnica e introdução ao cromatismo: atingindo um tom acima ou abaixo da nota de início, passando por cada semitom da escala cromática. Toque em legato.

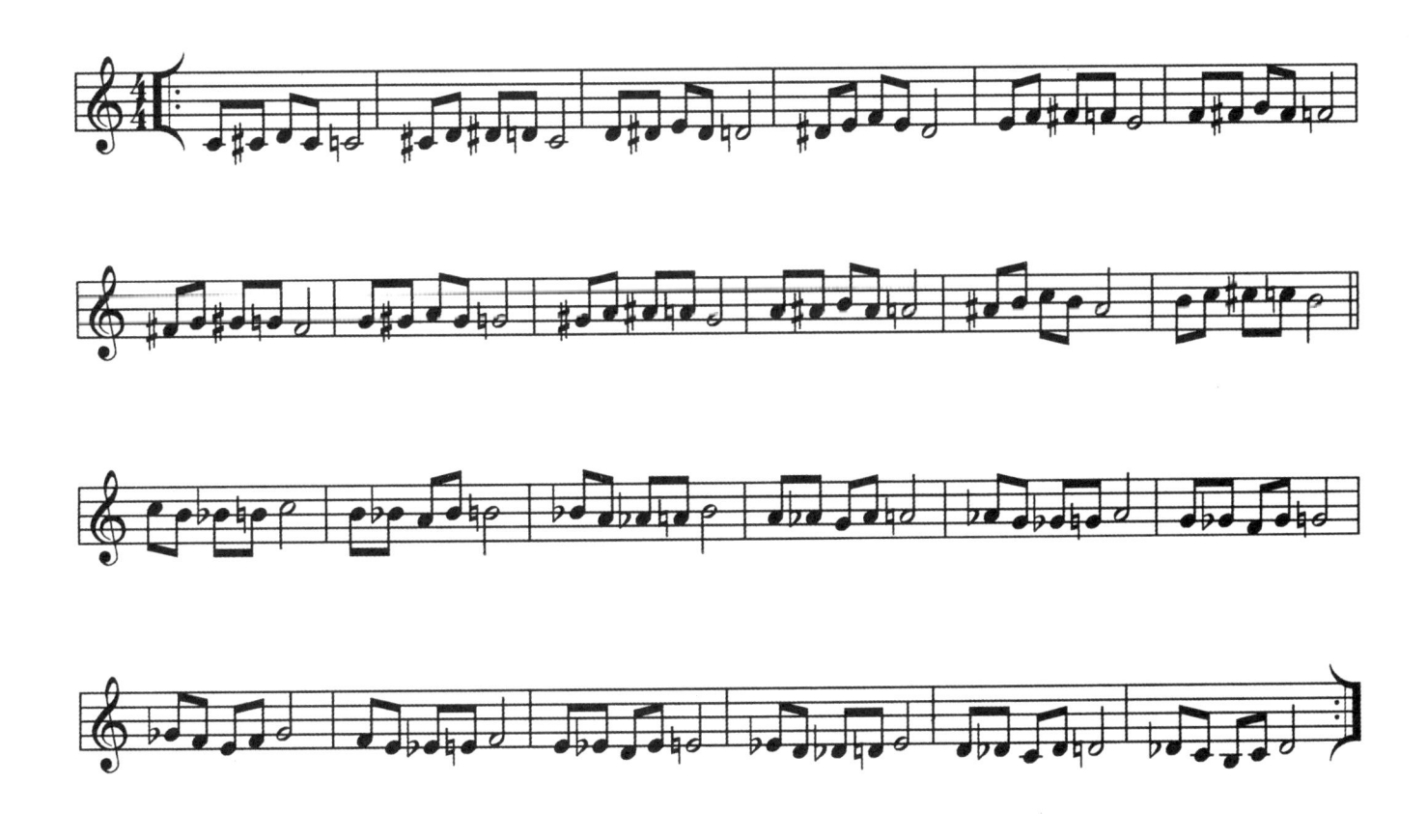

3. Exercício preparatório para aplicação de cromatismo em improvisos sobre acordes: cromatismo ascendente e descendente, partindo das notas que formam os acordes (tônica, 3ª, 5ª e 7ª).

Execute em legato, sobre acordes maiores, menores, dominantes e diminutos, em todos os tons, com os padrões rítmicos sugeridos. Exemplo em Cm:

IMPROVISOS

Improviso em Blues Maior – por Luciano Alves

Primeiramente, é necessário rever as diversas modalidades de harmonização de blues. Em todos estes casos, o *chorus* é construído com doze compassos, subdividido em três partes de quatro compassos.

Nos estilos abaixo indicados, deve-se acrescentar dissonâncias aos acordes. Os de I grau podem ter a 13ª maior (com exceção do Bird Blues); os menores preparatórios (II), a 9ª maior; e os de tensão (V), a 9ª menor ou aumentada.

Os seguintes exemplos estão no tom de F:

▶ Blues-Rock
F7 | F7 | F7 | F7 | | B♭7 | B♭7 | F7 | F7 | | C7 | B♭ | F7 | C7 | |

▶ Blues simples
F7 | B♭ | F7 | F7 | | B♭7 | B♭7 | F7 | F7 | | Gm | C7 | F7 | C7 | |

▶ Blues com substituições
F7 | B♭7 | F7 | Cm F7 | | B♭7 | B♭7 | F7 | Am D7 | | Gm | C7 | Am D7 | Gm C7 | |

▶ Blues jazzístico
F7 | B♭7 | F7 | Cm F7 | | B♭7 | Bdim7 | F7 | Am D7 | | Gm | C7 | Am D7 | Gm C7 | |

▶ Bird Blues (variação Charlie Parker)
FM7 | Edim7 A7 | Dm G7 | Cm F7 | | B♭M7 | B♭m | Am | A♭m | | Gm | C7 | Am D7 | Gm C7 | |

A improvisação em blues é feita com as escalas dos acordes da harmonia (Mixolídia nos de 7ª Dominante; Dórica nos menores; Diminuta Tom-Semitom nos diminutos, etc.). Pode-se também utilizar exclusivamente a escala de Blues da tonalidade de início (com exceção do Bird Blues) que, no tom de F, tem as notas fá, láb, sib, si, dó, mib, embora este recurso não seja muito recomendável, pois torna-se repetitivo.

A seguir, é mostrado um exemplo de improviso de blues jazzístico em F maior, acrescentando dissonâncias aos acordes e aplicando o cromatismo.

A pauta de baixo mostra o baixo e a harmonização na clave de sol (para facilitar). A indicação rítmica, no início, sugere a subdivisão ternária, característica do jazz e do blues.

3
F7(9)
B♭7(13)
F7(9)
Cm7
F7(13)
B♭7(13)
Bdim
3
3
F7(9)
Am7(♭5)
D7(♭9)
Gm7(9)
C7(♭9 ♯11)
Am7(9)
D7(♭9)
Gm7(9)
C7(♯5 ♯9)

Improviso em Blues Menor – por Mauro Senise

No blues menor, pode-se misturar a escala Dórica com a de Blues, nos acordes menores, o que possibilita maior opção de notas disponíveis para improvisação.

A seguir, alguns exemplos de progressões no tom de C. Os acordes podem ter as seguintes dissonâncias: os menores (I) podem ter a 7ª menor, 9ª maior e 11ª; o meio diminuto preparatório (II), a 9ª maior; e os de tensão (V), a 9ª aumentada ou qualquer alterado.

▶ Blues menor simples
Cm | Cm | Cm | Cm | | Fm | Fm | Cm | Cm | | G7(#9) | G7(#9) | Cm | G7(#9) | |

▶ Blues menor com preparação IIm(b5)
Cm | Cm | Cm | Cm | | Fm | Fm | Cm | Cm | | Dm7(b5) | G7(#9) | Cm | G7(#9) | |

▶ Blues menor com substituições
Cm | F7(13) | Cm | Cm | | Fm | Fm | Cm | Cm | | Dm7(b5) | G7(b13) | Em7 Eb7(b5 9) | Dm7(b5) G7(#9) | |

Improviso em Bossa-Nova – por Nelson Faria

E7(9) A7(♯5) Dm7 G7(13) Dm7 A♭7(♯11)
Gm7(9) C7(♭9) FM7 FM7
Fm7(9) B♭7(♭13) E♭M7 Em7(♭5) A7(♭13)
DM7 B♭° Am7 D7(♭9)
GM7 C7(9) F♯7(13) F♯7(♭13) B7(13)
E7(9) B♭7(9) A7(♭13) Dm7 G7 Dm7 G7
Ao

Improviso em Jazz – por Victor Biglione

G7(♭13)
G7(♭13)
C m7(9)
C m7(9)
A♭7(13)
A♭7(13)
B♭M7(9)
B♭M7(9)
E m7(♭5)
A7(♭9 ♭13)
D m7(♭5)
G7(♭9 13)
C m7(♭5)
F 7(♭9 ♭13)
B♭M7(9)
B♭M7(9)
D.C.

Improviso no Samba – clarinete por Paulo Moura

Transcrição da melodia, harmonia e improvisos de piano e clarinete do samba Rio de Janeiro, de autoria de Luciano Alves, incluído no CD "Mosaico".

© Copyright 1996 by Perfil Musical. - Rio de Janeiro - Brasil.
Todos os direitos autorais reservados para todos os países. All rights reserved.

Em7 E♭m7 Dm7 G7(13) B A♭6/9 D♭6/9 F♯M7(9)
BM7 DM7(9) EM7(9) F♯M7(9) A♭M7(9) B/A
A♭m7(9) Em7(9) A7(13) DM7 GM7 CM7 Am7
Bm7 F♯m7 Em7 G/A DM7 Bm7 CM7 Am7 Bm7 F♯m7 Em7 G/A DM7 Bm7 CM7 Am7
Bm7 F♯m7 Em7 G/A DM7 Bm7 CM7 Am7 Bm7 F♯m7 Em7(9)
F/G
Clarinete
CM7
Improv. de piano
Bm7(♭5) E7(♯5/♯9) Am7
Am6 FM7 F6 F♯m7(♭5)
B7(♭13) Em7 E♭m7 Dm7

Galt
CM7
Bm7(♭5)
E7(♯5 ♯9)
Am7
Am6
FM7
F6
F♯m7(♭5)
B7(♭13)
Em7
E♭m7
Dm7
Galt
CM7
Bm7(♭5)
E7(♯5 ♯9)
Am7
Am6
FM7
F6
F♯m7(♭5)
B7(♭13)
Em7
E♭m7
Dm7
Galt
CM7
Improv. de clarinete
Bm7(♭5)
E7(♯5 ♯9)
Am7
gliss.
Am6
FM7
F6
F♯m7(♭5)
B7(♭13)
Em7
E♭m7
Dm7
Galt
CM7
Bm7(♭5)
E7(♯5 ♯9)
Am7
Am6
FM7
F6
F♯m7(♭5)
B7(♭13)

Em7
E♭m7
Dm7
Galt
CM7
Bm7(♭5)
E7(♯5 ♯9)
gliss.
Am7
Am6
FM7
F6
F♯m7(♭5)
B7(♭13)
Em7
E♭m7
Dm7
Galt
Ao 𝄋
e 𝄌
𝄌
G9/A
Piano
loco
D6/9
Clar.
p
8vb
G6/9
G/A
8vb
8va
accel.
(8va)
rall.
loco
D6/9
DM7(9 ♯11)
8vb
8va
rall.

BIBLIOGRAFIA

AEBERSOLD, Jamey. **How to Play Jazz and Improvise**. New Albany, Jamey Aebersold Jazz, Inc., 1967 - 1992.

ALVES, Luciano. **Dicionário de Acordes Para Piano e Teclados**. São Paulo, Irmãos Vitale Editores, 1996.

APEL, Willi. **Harvard Dictionary of Music**. Massachusetts, Belknap/Harvard, 1944-1969.

CROMBIE, David. **The Synthesizer & Electronic Keyboard Handbook**. Londres, Dorling Kindersley Limited, 1985.

FARIA, Nelson. **A Arte da Improvisação**. Rio de Janeiro, Lumiar Editora, 1991.

GERARD, Charley. **Improvising Jazz Sax**. New York, Consolidated Music Publishers, 1978.

GUEST, Ian. **Apostila de Escalas de Acordes**. Rio de Janeiro, CIGAM, 1985.

HAERLE, Dan. **Scales for Jazz Improvisation**. Florida, Studio 224, 1975.

LEVINE, Mark. **The Jazz Piano Book**. California, Sher Music Co., 1989.

PENA, J. e ANGLÉS, H. **Diccionario de La Música**. Barcelona, Editorial Labor, 1954.

RANDEL, Don Michael. **Harvard Concise Dictionary of Music**. Massachusetts, Belknap Harvard, 1978.

WESTRUP, JACK e HARRISON, F. Ll. **Collins Encyclopedia of Music**. Great Britain, Chancellor Press, 1985.

markpress
BRASIL